Multiplication and Division Worl

Jungle Publishing | 'Toucan Do Math!

Table of Contents

Multiplying and Dividing by 1 1
Multiplying and Dividing by 2 7
Multiplying and Dividing by 3 13
Multiplying and Dividing by 4 19
Multiplying and Dividing by 5 25
Multiplying and Dividing by 6 31
Multiplying and Dividing by 7 37
Multiplying and Dividing by 8 43
Multiplying and Dividing by 9 49
Multiplying and Dividing by 10 55
Multiplying and Dividing by 11 61
Multiplying and Dividing by 12 67
Mixed Questions 0-12 73
Answers 93

Jungle Publishing have asserted their moral right to be identified as the author of this work in accordance with the Copyright, Designs and Patents Act 1988.

All rights reserved. No part of this publication may be produced, stored in a retrieval system, or transmitted in any form or by any means, electronic, mechanical, photocopying or otherwise without the prior permission of the copyright owner.

Copyright © 2020 Jungle Publishing

Multiplying by 1: Part 1

Name: _____ Date: _____

Time: _____ : _____   Score: _____

1) 5 × 1	2) 11 × 1	3) 8 × 1	4) 2 × 1	5) 7 × 1
6) 4 × 1	7) 6 × 1	8) 9 × 1	9) 3 × 1	10) 1 × 1
11) 12 × 1	12) 10 × 1	13) 6 × 1	14) 0 × 1	15) 1 × 1
16) 4 × 1	17) 10 × 1	18) 5 × 1	19) 0 × 1	20) 10 × 1
21) 10 × 1	22) 6 × 1	23) 1 × 1	24) 2 × 1	25) 0 × 1
26) 6 × 1	27) 7 × 1	28) 1 × 1	29) 7 × 1	30) 10 × 1
31) 5 × 1	32) 4 × 1	33) 5 × 1	34) 10 × 1	35) 8 × 1
36) 8 × 1	37) 5 × 1	38) 5 × 1	39) 7 × 1	40) 2 × 1

Multiplying by 1: Part 2

Name: _____ Date: _____
Time: _____ : _____   Score: _____

1) 1 × 6 = _____
2) 1 × 2 = _____
3) 1 × 4 = _____

4) 1 × 5 = _____
5) 1 × 8 = _____
6) 1 × 3 = _____

7) 1 × 11 = _____
8) 1 × 9 = _____
9) 1 × 7 = _____

10) 1 × 1 = _____
11) 1 × 10 = _____
12) 1 × 12 = _____

13) 1 × 0 = _____
14) 1 × 6 = _____
15) 1 × 11 = _____

16) 1 × 0 = _____
17) 1 × 0 = _____
18) 1 × 2 = _____

19) 1 × 4 = _____
20) 1 × 11 = _____
21) 1 × 3 = _____

22) 1 × 9 = _____
23) 1 × 10 = _____
24) 1 × 6 = _____

25) 1 × 9 = _____
26) 1 × 4 = _____
27) 1 × 8 = _____

28) 1 × 2 = _____
29) 1 × 7 = _____
30) 1 × 10 = _____

Multiplying by 1: Part 3

Name: _____ Date: _____
Time: _____ : _____ Score: _____

1)   2   2)   7   3)   0   4)   9   5)   3
× 1   × 1   × 1   × 1   × 1

6)   8   7)   5   8)   11   9)   6   10)   1
× 1   × 1   × 1   × 1   × 1

11)   4   12) 12   13) 10   14)   4   15)   8
× 1   × 1   × 1   × 1   × 1

16) 11   17) 10   18)   5   19)   9   20)   3
× 1   × 1   × 1   × 1   × 1

21)   5   22)   4   23) 10   24)   1   25) 10
× 1   × 1   × 1   × 1   × 1

26)   6   27)   8   28)   2   29)   9   30)   4
× 1   × 1   × 1   × 1   × 1

31)   5   32)   7   33)   4   34)   0   35)   3
× 1   × 1   × 1   × 1   × 1

36) 10   37) 10   38)   8   39) 10   40)   7
× 1   × 1   × 1   × 1   × 1

Dividing by 1: Part 1

Name: _____ Date: _____
Time: _____ : _____ Score: _____

1) 4 ÷ 1 = _____
2) 11 ÷ 1 = _____
3) 12 ÷ 1 = _____
4) 3 ÷ 1 = _____
5) 10 ÷ 1 = _____
6) 5 ÷ 1 = _____
7) 1 ÷ 1 = _____
8) 8 ÷ 1 = _____
9) 9 ÷ 1 = _____
10) 2 ÷ 1 = _____
11) 7 ÷ 1 = _____
12) 6 ÷ 1 = _____
13) 10 ÷ 1 = _____
14) 4 ÷ 1 = _____
15) 12 ÷ 1 = _____
16) 10 ÷ 1 = _____
17) 5 ÷ 1 = _____
18) 7 ÷ 1 = _____
19) 4 ÷ 1 = _____
20) 9 ÷ 1 = _____
21) 9 ÷ 1 = _____
22) 4 ÷ 1 = _____
23) 8 ÷ 1 = _____
24) 4 ÷ 1 = _____
25) 3 ÷ 1 = _____
26) 6 ÷ 1 = _____
27) 10 ÷ 1 = _____
28) 1 ÷ 1 = _____
29) 4 ÷ 1 = _____
30) 4 ÷ 1 = _____

Dividing by 1: Part 2

Name: _____ Date: _____
Time: ____ : ____   Score: _____

1) 6 ÷ 1 = _____   2) 8 ÷ 1 = _____   3) 5 ÷ 1 = _____

4) 9 ÷ 1 = _____   5) 10 ÷ 1 = _____   6) 11 ÷ 1 = _____

7) 3 ÷ 1 = _____   8) 12 ÷ 1 = _____   9) 1 ÷ 1 = _____

10) 7 ÷ 1 = _____   11) 4 ÷ 1 = _____   12) 2 ÷ 1 = _____

13) 5 ÷ 1 = _____   14) 5 ÷ 1 = _____   15) 2 ÷ 1 = _____

16) 2 ÷ 1 = _____   17) 2 ÷ 1 = _____   18) 2 ÷ 1 = _____

19) 10 ÷ 1 = _____   20) 5 ÷ 1 = _____   21) 4 ÷ 1 = _____

22) 3 ÷ 1 = _____   23) 2 ÷ 1 = _____   24) 6 ÷ 1 = _____

25) 6 ÷ 1 = _____   26) 7 ÷ 1 = _____   27) 4 ÷ 1 = _____

28) 12 ÷ 1 = _____   29) 9 ÷ 1 = _____   30) 10 ÷ 1 = _____

Dividing by 1: Part 3

Name: _____ Date: _____
Time: _____ : _____ Score: _____

1) 6 ÷ 1 = _____
2) 8 ÷ 1 = _____
3) 3 ÷ 1 = _____
4) 7 ÷ 1 = _____
5) 12 ÷ 1 = _____
6) 1 ÷ 1 = _____
7) 10 ÷ 1 = _____
8) 4 ÷ 1 = _____
9) 9 ÷ 1 = _____
10) 11 ÷ 1 = _____
11) 2 ÷ 1 = _____
12) 5 ÷ 1 = _____
13) 4 ÷ 1 = _____
14) 7 ÷ 1 = _____
15) 7 ÷ 1 = _____
16) 3 ÷ 1 = _____
17) 4 ÷ 1 = _____
18) 10 ÷ 1 = _____
19) 5 ÷ 1 = _____
20) 6 ÷ 1 = _____
21) 11 ÷ 1 = _____
22) 2 ÷ 1 = _____
23) 7 ÷ 1 = _____
24) 10 ÷ 1 = _____
25) 8 ÷ 1 = _____
26) 3 ÷ 1 = _____
27) 10 ÷ 1 = _____
28) 3 ÷ 1 = _____
29) 5 ÷ 1 = _____
30) 5 ÷ 1 = _____

Multiplying by 2: Part 1

Name: _____ Date: _____

Time: _____ : _____ Score: _____

1) 2 × 4	2) 2 × 6	3) 2 × 3	4) 2 × 7	5) 2 × 5
6) 2 × 8	7) 2 × 10	8) 2 × 12	9) 2 × 9	10) 2 × 1
11) 2 × 11	12) 2 × 2	13) 2 × 0	14) 2 × 9	15) 2 × 11
16) 2 × 1	17) 2 × 7	18) 2 × 7	19) 2 × 6	20) 2 × 8
21) 2 × 5	22) 2 × 11	23) 2 × 7	24) 2 × 1	25) 2 × 9
26) 2 × 7	27) 2 × 3	28) 2 × 1	29) 2 × 5	30) 2 × 3
31) 2 × 4	32) 2 × 2	33) 2 × 10	34) 2 × 2	35) 2 × 8
36) 2 × 7	37) 2 × 11	38) 2 × 7	39) 2 × 2	40) 2 × 10

Multiplying by 2: Part 2

Name: _____ Date: _____
Time: _____ : _____ Score: _____

1) **7 × 2 =** _____
2) **4 × 2 =** _____
3) **0 × 2 =** _____

4) **1 × 2 =** _____
5) **9 × 2 =** _____
6) **3 × 2 =** _____

7) **8 × 2 =** _____
8) **6 × 2 =** _____
9) **5 × 2 =** _____

10) **2 × 2 =** _____
11) **10 × 2 =** _____
12) **11 × 2 =** _____

13) **0 × 2 =** _____
14) **12 × 2 =** _____
15) **3 × 2 =** _____

16) **1 × 2 =** _____
17) **2 × 2 =** _____
18) **3 × 2 =** _____

19) **9 × 2 =** _____
20) **8 × 2 =** _____
21) **9 × 2 =** _____

22) **3 × 2 =** _____
23) **7 × 2 =** _____
24) **7 × 2 =** _____

25) **3 × 2 =** _____
26) **2 × 2 =** _____
27) **4 × 2 =** _____

28) **10 × 2 =** _____
29) **1 × 2 =** _____
30) **3 × 2 =** _____

Multiplying by 2: Part 3

Name: _____ Date: _____

Time: _____ : _____   Score: _____

1) 2 × 11
2) 2 × 0
3) 2 × 7
4) 2 × 10
5) 2 × 4

6) 2 × 8
7) 2 × 1
8) 2 × 5
9) 2 × 3
10) 2 × 2

11) 2 × 12
12) 2 × 6
13) 2 × 9
14) 2 × 6
15) 2 × 1

16) 2 × 1
17) 2 × 9
18) 2 × 4
19) 2 × 10
20) 2 × 9

21) 2 × 9
22) 2 × 11
23) 2 × 1
24) 2 × 12
25) 2 × 9

26) 2 × 10
27) 2 × 11
28) 2 × 7
29) 2 × 3
30) 2 × 0

31) 2 × 0
32) 2 × 9
33) 2 × 9
34) 2 × 10
35) 2 × 3

36) 2 × 8
37) 2 × 1
38) 2 × 5
39) 2 × 1
40) 2 × 4

Dividing by 2: Part 1

Name: _____ Date: _____
Time: :   Score: _____

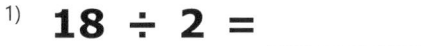

1) 18 ÷ 2 = _____   2) 16 ÷ 2 = _____   3) 24 ÷ 2 = _____

4) 12 ÷ 2 = _____   5) 2 ÷ 2 = _____   6) 22 ÷ 2 = _____

7) 14 ÷ 2 = _____   8) 20 ÷ 2 = _____   9) 8 ÷ 2 = _____

10) 4 ÷ 2 = _____   11) 10 ÷ 2 = _____   12) 6 ÷ 2 = _____

13) 22 ÷ 2 = _____   14) 8 ÷ 2 = _____   15) 2 ÷ 2 = _____

16) 2 ÷ 2 = _____   17) 22 ÷ 2 = _____   18) 20 ÷ 2 = _____

19) 12 ÷ 2 = _____   20) 8 ÷ 2 = _____   21) 22 ÷ 2 = _____

22) 6 ÷ 2 = _____   23) 16 ÷ 2 = _____   24) 14 ÷ 2 = _____

25) 4 ÷ 2 = _____   26) 18 ÷ 2 = _____   27) 2 ÷ 2 = _____

28) 24 ÷ 2 = _____   29) 10 ÷ 2 = _____   30) 18 ÷ 2 = _____

Dividing by 2: Part 2

Name: _____ Date: _____

Time: _____ : _____ Score: _____

1) 4 ÷ 2 = _____   2) 6 ÷ 2 = _____   3) 16 ÷ 2 = _____

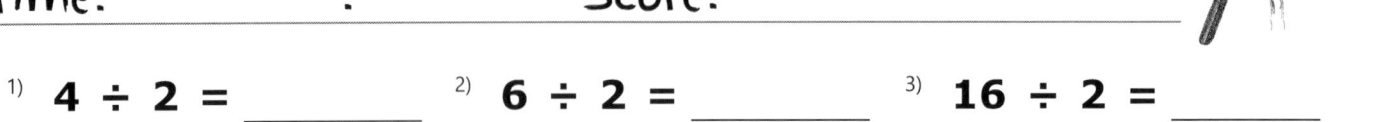

4) 18 ÷ 2 = _____   5) 12 ÷ 2 = _____   6) 24 ÷ 2 = _____

7) 22 ÷ 2 = _____   8) 8 ÷ 2 = _____   9) 20 ÷ 2 = _____

10) 14 ÷ 2 = _____   11) 10 ÷ 2 = _____   12) 2 ÷ 2 = _____

13) 18 ÷ 2 = _____   14) 8 ÷ 2 = _____   15) 4 ÷ 2 = _____

16) 4 ÷ 2 = _____   17) 18 ÷ 2 = _____   18) 12 ÷ 2 = _____

19) 20 ÷ 2 = _____   20) 14 ÷ 2 = _____   21) 24 ÷ 2 = _____

22) 16 ÷ 2 = _____   23) 20 ÷ 2 = _____   24) 10 ÷ 2 = _____

25) 20 ÷ 2 = _____   26) 16 ÷ 2 = _____   27) 8 ÷ 2 = _____

28) 14 ÷ 2 = _____   29) 14 ÷ 2 = _____   30) 14 ÷ 2 = _____

Dividing by 2: Part 3

Name: _____ Date: _____
Time: ___ : ___   Score: _____

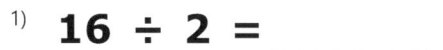

1) 16 ÷ 2 = _____
2) 4 ÷ 2 = _____
3) 10 ÷ 2 = _____

4) 14 ÷ 2 = _____
5) 18 ÷ 2 = _____
6) 22 ÷ 2 = _____

7) 12 ÷ 2 = _____
8) 6 ÷ 2 = _____
9) 20 ÷ 2 = _____

10) 2 ÷ 2 = _____
11) 24 ÷ 2 = _____
12) 8 ÷ 2 = _____

13) 22 ÷ 2 = _____
14) 14 ÷ 2 = _____
15) 6 ÷ 2 = _____

16) 10 ÷ 2 = _____
17) 24 ÷ 2 = _____
18) 6 ÷ 2 = _____

19) 14 ÷ 2 = _____
20) 20 ÷ 2 = _____
21) 18 ÷ 2 = _____

22) 6 ÷ 2 = _____
23) 14 ÷ 2 = _____
24) 24 ÷ 2 = _____

25) 18 ÷ 2 = _____
26) 10 ÷ 2 = _____
27) 12 ÷ 2 = _____

28) 2 ÷ 2 = _____
29) 12 ÷ 2 = _____
30) 22 ÷ 2 = _____

Multiplying by 3: Part 1

Name: _____   Date: _____
Time: _____ : _____   Score: _____

1) 3 × 11
2) 3 × 12
3) 3 × 1
4) 3 × 10
5) 3 × 2

6) 3 × 0
7) 3 × 3
8) 3 × 6
9) 3 × 7
10) 3 × 9

11) 3 × 5
12) 3 × 8
13) 3 × 4
14) 3 × 4
15) 3 × 4

16) 3 × 8
17) 3 × 9
18) 3 × 3
19) 3 × 8
20) 3 × 1

21) 3 × 9
22) 3 × 9
23) 3 × 12
24) 3 × 6
25) 3 × 3

26) 3 × 9
27) 3 × 8
28) 3 × 5
29) 3 × 11
30) 3 × 7

31) 3 × 8
32) 3 × 8
33) 3 × 5
34) 3 × 6
35) 3 × 0

36) 3 × 3
37) 3 × 1
38) 3 × 4
39) 3 × 11
40) 3 × 11

Multiplying by 3: Part 2

Name: _____ Date: _____
Time: _____ : _____   Score: _____

1) 4 × 3 = _____
2) 8 × 3 = _____
3) 7 × 3 = _____
4) 0 × 3 = _____
5) 11 × 3 = _____
6) 5 × 3 = _____
7) 10 × 3 = _____
8) 2 × 3 = _____
9) 12 × 3 = _____
10) 3 × 3 = _____
11) 9 × 3 = _____
12) 6 × 3 = _____
13) 1 × 3 = _____
14) 10 × 3 = _____
15) 11 × 3 = _____
16) 1 × 3 = _____
17) 11 × 3 = _____
18) 1 × 3 = _____
19) 10 × 3 = _____
20) 3 × 3 = _____
21) 5 × 3 = _____
22) 5 × 3 = _____
23) 11 × 3 = _____
24) 11 × 3 = _____
25) 10 × 3 = _____
26) 0 × 3 = _____
27) 1 × 3 = _____
28) 1 × 3 = _____
29) 5 × 3 = _____
30) 4 × 3 = _____

Multiplying by 3: Part 3

Name: _____ Date: _____

Time: _____ : _____   Score: _____

1) 3 × 6	2) 3 × 10	3) 3 × 1	4) 3 × 5	5) 3 × 4
6) 3 × 11	7) 3 × 9	8) 3 × 8	9) 3 × 7	10) 3 × 3
11) 3 × 0	12) 3 × 2	13) 3 × 12	14) 3 × 4	15) 3 × 11
16) 3 × 8	17) 3 × 8	18) 3 × 7	19) 3 × 6	20) 3 × 2
21) 3 × 2	22) 3 × 5	23) 3 × 8	24) 3 × 1	25) 3 × 10
26) 3 × 2	27) 3 × 4	28) 3 × 0	29) 3 × 12	30) 3 × 4
31) 3 × 10	32) 3 × 2	33) 3 × 1	34) 3 × 1	35) 3 × 12
36) 3 × 3	37) 3 × 5	38) 3 × 5	39) 3 × 9	40) 3 × 10

Dividing by 3: Part 1

Name: _____   Date: _____
Time: :   Score: _____

1) 18 ÷ 3 = _____
2) 27 ÷ 3 = _____
3) 12 ÷ 3 = _____
4) 24 ÷ 3 = _____
5) 15 ÷ 3 = _____
6) 33 ÷ 3 = _____
7) 9 ÷ 3 = _____
8) 6 ÷ 3 = _____
9) 30 ÷ 3 = _____
10) 36 ÷ 3 = _____
11) 3 ÷ 3 = _____
12) 21 ÷ 3 = _____
13) 27 ÷ 3 = _____
14) 33 ÷ 3 = _____
15) 15 ÷ 3 = _____
16) 30 ÷ 3 = _____
17) 21 ÷ 3 = _____
18) 27 ÷ 3 = _____
19) 12 ÷ 3 = _____
20) 27 ÷ 3 = _____
21) 24 ÷ 3 = _____
22) 36 ÷ 3 = _____
23) 3 ÷ 3 = _____
24) 12 ÷ 3 = _____
25) 27 ÷ 3 = _____
26) 12 ÷ 3 = _____
27) 9 ÷ 3 = _____
28) 3 ÷ 3 = _____
29) 27 ÷ 3 = _____
30) 33 ÷ 3 = _____

Dividing by 3: Part 2

Name: _____ Date: _____

Time: _____ : _____ Score: _____

1) 15 ÷ 3 = _____
2) 33 ÷ 3 = _____
3) 12 ÷ 3 = _____
4) 24 ÷ 3 = _____
5) 27 ÷ 3 = _____
6) 36 ÷ 3 = _____
7) 3 ÷ 3 = _____
8) 21 ÷ 3 = _____
9) 18 ÷ 3 = _____
10) 9 ÷ 3 = _____
11) 30 ÷ 3 = _____
12) 6 ÷ 3 = _____
13) 36 ÷ 3 = _____
14) 24 ÷ 3 = _____
15) 30 ÷ 3 = _____
16) 27 ÷ 3 = _____
17) 12 ÷ 3 = _____
18) 24 ÷ 3 = _____
19) 3 ÷ 3 = _____
20) 36 ÷ 3 = _____
21) 36 ÷ 3 = _____
22) 9 ÷ 3 = _____
23) 3 ÷ 3 = _____
24) 33 ÷ 3 = _____
25) 3 ÷ 3 = _____
26) 15 ÷ 3 = _____
27) 24 ÷ 3 = _____
28) 21 ÷ 3 = _____
29) 33 ÷ 3 = _____
30) 36 ÷ 3 = _____

Dividing by 3: Part 3

Name: _____ Date: _____
Time: ___ : ___   Score: _____

1) 6 ÷ 3 = _____
2) 30 ÷ 3 = _____
3) 33 ÷ 3 = _____
4) 36 ÷ 3 = _____
5) 18 ÷ 3 = _____
6) 24 ÷ 3 = _____
7) 3 ÷ 3 = _____
8) 9 ÷ 3 = _____
9) 12 ÷ 3 = _____
10) 15 ÷ 3 = _____
11) 21 ÷ 3 = _____
12) 27 ÷ 3 = _____
13) 27 ÷ 3 = _____
14) 30 ÷ 3 = _____
15) 18 ÷ 3 = _____
16) 30 ÷ 3 = _____
17) 18 ÷ 3 = _____
18) 18 ÷ 3 = _____
19) 33 ÷ 3 = _____
20) 15 ÷ 3 = _____
21) 27 ÷ 3 = _____
22) 6 ÷ 3 = _____
23) 12 ÷ 3 = _____
24) 30 ÷ 3 = _____
25) 3 ÷ 3 = _____
26) 30 ÷ 3 = _____
27) 18 ÷ 3 = _____
28) 30 ÷ 3 = _____
29) 21 ÷ 3 = _____
30) 27 ÷ 3 = _____

Multiplying by 4: Part 1

Name: _____ Date: _____

Time: _____ : _____ Score: _____

1) 4 × 1
2) 4 × 12
3) 4 × 11
4) 4 × 7
5) 4 × 8

6) 4 × 4
7) 4 × 9
8) 4 × 10
9) 4 × 3
10) 4 × 2

11) 4 × 5
12) 4 × 6
13) 4 × 0
14) 4 × 7
15) 4 × 4

16) 4 × 4
17) 4 × 4
18) 4 × 2
19) 4 × 7
20) 4 × 9

21) 4 × 3
22) 4 × 5
23) 4 × 4
24) 4 × 7
25) 4 × 3

26) 4 × 7
27) 4 × 0
28) 4 × 3
29) 4 × 10
30) 4 × 3

31) 4 × 7
32) 4 × 9
33) 4 × 6
34) 4 × 11
35) 4 × 3

36) 4 × 6
37) 4 × 7
38) 4 × 12
39) 4 × 12
40) 4 × 2

Multiplying by 4: Part 2

Name: _____   Date: _____
Time: _____ : _____   Score: _____

1) 1 × 4 = _____
2) 3 × 4 = _____
3) 12 × 4 = _____
4) 9 × 4 = _____
5) 8 × 4 = _____
6) 10 × 4 = _____
7) 7 × 4 = _____
8) 2 × 4 = _____
9) 6 × 4 = _____
10) 11 × 4 = _____
11) 4 × 4 = _____
12) 0 × 4 = _____
13) 5 × 4 = _____
14) 4 × 4 = _____
15) 8 × 4 = _____
16) 7 × 4 = _____
17) 5 × 4 = _____
18) 11 × 4 = _____
19) 8 × 4 = _____
20) 1 × 4 = _____
21) 0 × 4 = _____
22) 6 × 4 = _____
23) 2 × 4 = _____
24) 3 × 4 = _____
25) 4 × 4 = _____
26) 0 × 4 = _____
27) 1 × 4 = _____
28) 1 × 4 = _____
29) 2 × 4 = _____
30) 8 × 4 = _____

Multiplying by 4: Part 3

Name: _____ Date: _____

Time: _____ : _____ Score: _____

1) 4 × 3	2) 4 × 7	3) 4 × 5	4) 4 × 2	5) 4 × 11
6) 4 × 4	7) 4 × 9	8) 4 × 12	9) 4 × 6	10) 4 × 10
11) 4 × 0	12) 4 × 1	13) 4 × 8	14) 4 × 3	15) 4 × 7
16) 4 × 6	17) 4 × 5	18) 4 × 2	19) 4 × 8	20) 4 × 7
21) 4 × 12	22) 4 × 1	23) 4 × 11	24) 4 × 2	25) 4 × 11
26) 4 × 4	27) 4 × 6	28) 4 × 2	29) 4 × 8	30) 4 × 1
31) 4 × 11	32) 4 × 6	33) 4 × 1	34) 4 × 10	35) 4 × 8
36) 4 × 4	37) 4 × 4	38) 4 × 7	39) 4 × 3	40) 4 × 5

Dividing by 4: Part 1

Name: _____ Date: _____
Time: :   Score: _____

1) 4 ÷ 4 = _____
2) 28 ÷ 4 = _____
3) 24 ÷ 4 = _____
4) 20 ÷ 4 = _____
5) 36 ÷ 4 = _____
6) 32 ÷ 4 = _____
7) 8 ÷ 4 = _____
8) 44 ÷ 4 = _____
9) 12 ÷ 4 = _____
10) 40 ÷ 4 = _____
11) 48 ÷ 4 = _____
12) 16 ÷ 4 = _____
13) 8 ÷ 4 = _____
14) 24 ÷ 4 = _____
15) 32 ÷ 4 = _____
16) 20 ÷ 4 = _____
17) 28 ÷ 4 = _____
18) 44 ÷ 4 = _____
19) 20 ÷ 4 = _____
20) 24 ÷ 4 = _____
21) 16 ÷ 4 = _____
22) 44 ÷ 4 = _____
23) 8 ÷ 4 = _____
24) 16 ÷ 4 = _____
25) 12 ÷ 4 = _____
26) 12 ÷ 4 = _____
27) 28 ÷ 4 = _____
28) 28 ÷ 4 = _____
29) 40 ÷ 4 = _____
30) 8 ÷ 4 = _____

Dividing by 4: Part 2

Name: _____ Date: _____
Time: ____ : ____   Score: _____

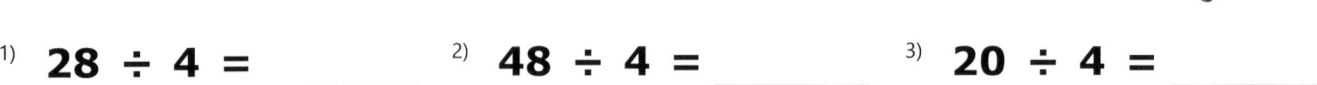

1) 28 ÷ 4 = _____   2) 48 ÷ 4 = _____   3) 20 ÷ 4 = _____

4) 40 ÷ 4 = _____   5) 32 ÷ 4 = _____   6) 16 ÷ 4 = _____

7) 24 ÷ 4 = _____   8) 8 ÷ 4 = _____   9) 4 ÷ 4 = _____

10) 36 ÷ 4 = _____   11) 44 ÷ 4 = _____   12) 12 ÷ 4 = _____

13) 16 ÷ 4 = _____   14) 16 ÷ 4 = _____   15) 8 ÷ 4 = _____

16) 24 ÷ 4 = _____   17) 16 ÷ 4 = _____   18) 4 ÷ 4 = _____

19) 8 ÷ 4 = _____   20) 28 ÷ 4 = _____   21) 24 ÷ 4 = _____

22) 8 ÷ 4 = _____   23) 20 ÷ 4 = _____   24) 28 ÷ 4 = _____

25) 4 ÷ 4 = _____   26) 20 ÷ 4 = _____   27) 8 ÷ 4 = _____

28) 24 ÷ 4 = _____   29) 28 ÷ 4 = _____   30) 24 ÷ 4 = _____

Dividing by 4: Part 3

Name: _____ Date: _____
Time: _____ : _____ Score: _____

1) 24 ÷ 4 = _____ 2) 40 ÷ 4 = _____ 3) 44 ÷ 4 = _____

4) 8 ÷ 4 = _____ 5) 32 ÷ 4 = _____ 6) 4 ÷ 4 = _____

7) 36 ÷ 4 = _____ 8) 16 ÷ 4 = _____ 9) 20 ÷ 4 = _____

10) 12 ÷ 4 = _____ 11) 48 ÷ 4 = _____ 12) 28 ÷ 4 = _____

13) 32 ÷ 4 = _____ 14) 40 ÷ 4 = _____ 15) 16 ÷ 4 = _____

16) 16 ÷ 4 = _____ 17) 36 ÷ 4 = _____ 18) 16 ÷ 4 = _____

19) 40 ÷ 4 = _____ 20) 36 ÷ 4 = _____ 21) 4 ÷ 4 = _____

22) 44 ÷ 4 = _____ 23) 12 ÷ 4 = _____ 24) 36 ÷ 4 = _____

25) 48 ÷ 4 = _____ 26) 32 ÷ 4 = _____ 27) 12 ÷ 4 = _____

28) 20 ÷ 4 = _____ 29) 16 ÷ 4 = _____ 30) 48 ÷ 4 = _____

Multiplying by 5: Part 1

Name: _____ Date: _____

Time: _____ : _____   Score: _____

1) 5 × 4	2) 5 × 1	3) 5 × 7	4) 5 × 5	5) 5 × 11
6) 5 × 8	7) 5 × 9	8) 5 × 10	9) 5 × 3	10) 5 × 2
11) 5 × 6	12) 5 × 0	13) 5 × 12	14) 5 × 0	15) 5 × 1
16) 5 × 10	17) 5 × 2	18) 5 × 11	19) 5 × 12	20) 5 × 2
21) 5 × 5	22) 5 × 2	23) 5 × 1	24) 5 × 7	25) 5 × 9
26) 5 × 6	27) 5 × 12	28) 5 × 11	29) 5 × 8	30) 5 × 4
31) 5 × 5	32) 5 × 10	33) 5 × 11	34) 5 × 2	35) 5 × 0
36) 5 × 5	37) 5 × 7	38) 5 × 10	39) 5 × 3	40) 5 × 10

Multiplying by 5: Part 2

Name: _____ Date: _____

Time: _____ : _____ Score: _____

1) 3 × 5 = _____   2) 12 × 5 = _____   3) 0 × 5 = _____

4) 10 × 5 = _____   5) 2 × 5 = _____   6) 1 × 5 = _____

7) 11 × 5 = _____   8) 4 × 5 = _____   9) 9 × 5 = _____

10) 6 × 5 = _____   11) 5 × 5 = _____   12) 8 × 5 = _____

13) 7 × 5 = _____   14) 9 × 5 = _____   15) 9 × 5 = _____

16) 12 × 5 = _____ 17) 5 × 5 = _____   18) 9 × 5 = _____

19) 6 × 5 = _____   20) 2 × 5 = _____   21) 3 × 5 = _____

22) 10 × 5 = _____ 23) 2 × 5 = _____   24) 6 × 5 = _____

25) 5 × 5 = _____   26) 5 × 5 = _____   27) 7 × 5 = _____

28) 1 × 5 = _____   29) 6 × 5 = _____   30) 5 × 5 = _____

Multiplying by 5: Part 3

Name: _____ Date: _____
Time: _____ : _____ Score: _____

1) 5 × 9
2) 5 × 6
3) 5 × 5
4) 5 × 10
5) 5 × 1

6) 5 × 4
7) 5 × 12
8) 5 × 7
9) 5 × 8
10) 5 × 3

11) 5 × 2
12) 5 × 11
13) 5 × 0
14) 5 × 9
15) 5 × 5

16) 5 × 12
17) 5 × 3
18) 5 × 5
19) 5 × 2
20) 5 × 2

21) 5 × 0
22) 5 × 9
23) 5 × 6
24) 5 × 3
25) 5 × 5

26) 5 × 9
27) 5 × 10
28) 5 × 7
29) 5 × 11
30) 5 × 8

31) 5 × 12
32) 5 × 7
33) 5 × 5
34) 5 × 7
35) 5 × 6

36) 5 × 9
37) 5 × 8
38) 5 × 6
39) 5 × 1
40) 5 × 10

Dividing by 5: Part 1

Name: _____ Date: _____
Time: :   Score: _____

1) 40 ÷ 5 = _____   2) 10 ÷ 5 = _____   3) 50 ÷ 5 = _____

4) 25 ÷ 5 = _____   5) 45 ÷ 5 = _____   6) 20 ÷ 5 = _____

7) 30 ÷ 5 = _____   8) 15 ÷ 5 = _____   9) 60 ÷ 5 = _____

10) 5 ÷ 5 = _____   11) 35 ÷ 5 = _____   12) 55 ÷ 5 = _____

13) 10 ÷ 5 = _____   14) 15 ÷ 5 = _____   15) 35 ÷ 5 = _____

16) 60 ÷ 5 = _____   17) 30 ÷ 5 = _____   18) 50 ÷ 5 = _____

19) 20 ÷ 5 = _____   20) 5 ÷ 5 = _____   21) 35 ÷ 5 = _____

22) 45 ÷ 5 = _____   23) 35 ÷ 5 = _____   24) 55 ÷ 5 = _____

25) 30 ÷ 5 = _____   26) 55 ÷ 5 = _____   27) 30 ÷ 5 = _____

28) 5 ÷ 5 = _____   29) 15 ÷ 5 = _____   30) 55 ÷ 5 = _____

Dividing by 5: Part 2

Name: _____ Date: _____
Time: _____ : _____ Score: _____

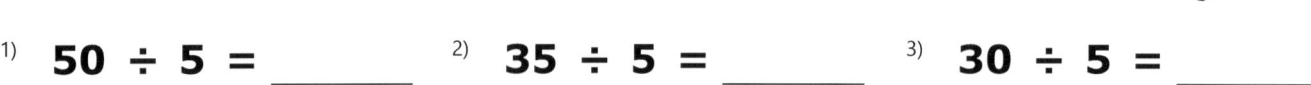

1) 50 ÷ 5 = _____   2) 35 ÷ 5 = _____   3) 30 ÷ 5 = _____

4) 55 ÷ 5 = _____   5) 5 ÷ 5 = _____   6) 25 ÷ 5 = _____

7) 15 ÷ 5 = _____   8) 45 ÷ 5 = _____   9) 40 ÷ 5 = _____

10) 60 ÷ 5 = _____   11) 10 ÷ 5 = _____   12) 20 ÷ 5 = _____

13) 20 ÷ 5 = _____   14) 35 ÷ 5 = _____   15) 30 ÷ 5 = _____

16) 25 ÷ 5 = _____   17) 45 ÷ 5 = _____   18) 40 ÷ 5 = _____

19) 10 ÷ 5 = _____   20) 25 ÷ 5 = _____   21) 15 ÷ 5 = _____

22) 10 ÷ 5 = _____   23) 20 ÷ 5 = _____   24) 5 ÷ 5 = _____

25) 35 ÷ 5 = _____   26) 25 ÷ 5 = _____   27) 60 ÷ 5 = _____

28) 45 ÷ 5 = _____   29) 50 ÷ 5 = _____   30) 10 ÷ 5 = _____

Dividing by 5: Part 3

Name: _____ Date: _____
Time: _____ : _____   Score: _____

1) 45 ÷ 5 = _____
2) 15 ÷ 5 = _____
3) 35 ÷ 5 = _____
4) 25 ÷ 5 = _____
5) 20 ÷ 5 = _____
6) 10 ÷ 5 = _____
7) 40 ÷ 5 = _____
8) 50 ÷ 5 = _____
9) 5 ÷ 5 = _____
10) 55 ÷ 5 = _____
11) 30 ÷ 5 = _____
12) 60 ÷ 5 = _____
13) 10 ÷ 5 = _____
14) 15 ÷ 5 = _____
15) 40 ÷ 5 = _____
16) 10 ÷ 5 = _____
17) 25 ÷ 5 = _____
18) 15 ÷ 5 = _____
19) 25 ÷ 5 = _____
20) 40 ÷ 5 = _____
21) 25 ÷ 5 = _____
22) 55 ÷ 5 = _____
23) 15 ÷ 5 = _____
24) 35 ÷ 5 = _____
25) 10 ÷ 5 = _____
26) 30 ÷ 5 = _____
27) 15 ÷ 5 = _____
28) 40 ÷ 5 = _____
29) 55 ÷ 5 = _____
30) 25 ÷ 5 = _____

Multiplying by 6: Part 1

Name: _____ Date: _____

Time: _____ : _____   Score: _____

1) 6 × 1	2) 6 × 2	3) 6 × 7	4) 6 × 10	5) 6 × 8
6) 6 × 11	7) 6 × 6	8) 6 × 0	9) 6 × 3	10) 6 × 12
11) 6 × 9	12) 6 × 5	13) 6 × 4	14) 6 × 2	15) 6 × 10
16) 6 × 1	17) 6 × 0	18) 6 × 11	19) 6 × 8	20) 6 × 1
21) 6 × 11	22) 6 × 7	23) 6 × 3	24) 6 × 8	25) 6 × 11
26) 6 × 8	27) 6 × 8	28) 6 × 1	29) 6 × 2	30) 6 × 9
31) 6 × 11	32) 6 × 5	33) 6 × 0	34) 6 × 9	35) 6 × 9
36) 6 × 9	37) 6 × 7	38) 6 × 4	39) 6 × 3	40) 6 × 6

Multiplying by 6: Part 2

Name: _____ Date: _____
Time: :   Score: _____

1) 6 × 6 = _____ 2) 2 × 6 = _____ 3) 11 × 6 = _____

4) 3 × 6 = _____ 5) 9 × 6 = _____ 6) 5 × 6 = _____

7) 1 × 6 = _____ 8) 7 × 6 = _____ 9) 4 × 6 = _____

10) 10 × 6 = _____ 11) 0 × 6 = _____ 12) 8 × 6 = _____

13) 12 × 6 = _____ 14) 1 × 6 = _____ 15) 8 × 6 = _____

16) 10 × 6 = _____ 17) 5 × 6 = _____ 18) 11 × 6 = _____

19) 7 × 6 = _____ 20) 4 × 6 = _____ 21) 8 × 6 = _____

22) 6 × 6 = _____ 23) 10 × 6 = _____ 24) 9 × 6 = _____

25) 0 × 6 = _____ 26) 12 × 6 = _____ 27) 5 × 6 = _____

28) 6 × 6 = _____ 29) 11 × 6 = _____ 30) 7 × 6 = _____

Multiplying by 6: Part 3

Name: _____ Date: _____

Time: _____ : _____   Score: _____

1) 1 × 6
2) 8 × 6
3) 11 × 6
4) 6 × 6
5) 10 × 6

6) 0 × 6
7) 5 × 6
8) 3 × 6
9) 12 × 6
10) 9 × 6

11) 2 × 6
12) 4 × 6
13) 7 × 6
14) 6 × 6
15) 10 × 6

16) 2 × 6
17) 10 × 6
18) 9 × 6
19) 1 × 6
20) 10 × 6

21) 6 × 6
22) 3 × 6
23) 10 × 6
24) 5 × 6
25) 12 × 6

26) 5 × 6
27) 6 × 6
28) 1 × 6
29) 11 × 6
30) 8 × 6

31) 4 × 6
32) 11 × 6
33) 11 × 6
34) 8 × 6
35) 8 × 6

36) 7 × 6
37) 10 × 6
38) 9 × 6
39) 1 × 6
40) 8 × 6

Dividing by 6: Part 1

Name: _____ Date: _____
Time: :   Score: _____

1) 66 ÷ 6 = _____
2) 60 ÷ 6 = _____
3) 48 ÷ 6 = _____

4) 24 ÷ 6 = _____
5) 30 ÷ 6 = _____
6) 54 ÷ 6 = _____

7) 18 ÷ 6 = _____
8) 42 ÷ 6 = _____
9) 36 ÷ 6 = _____

10) 12 ÷ 6 = _____
11) 6 ÷ 6 = _____
12) 72 ÷ 6 = _____

13) 72 ÷ 6 = _____
14) 42 ÷ 6 = _____
15) 18 ÷ 6 = _____

16) 18 ÷ 6 = _____
17) 60 ÷ 6 = _____
18) 30 ÷ 6 = _____

19) 12 ÷ 6 = _____
20) 48 ÷ 6 = _____
21) 42 ÷ 6 = _____

22) 48 ÷ 6 = _____
23) 66 ÷ 6 = _____
24) 30 ÷ 6 = _____

25) 66 ÷ 6 = _____
26) 66 ÷ 6 = _____
27) 54 ÷ 6 = _____

28) 30 ÷ 6 = _____
29) 36 ÷ 6 = _____
30) 18 ÷ 6 = _____

Dividing by 6: Part 2

Name: _____ Date: _____
Time: _____ : _____ Score: _____

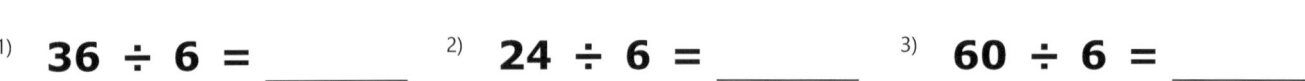

1) 36 ÷ 6 = _____   2) 24 ÷ 6 = _____   3) 60 ÷ 6 = _____

4) 18 ÷ 6 = _____   5) 12 ÷ 6 = _____   6) 30 ÷ 6 = _____

7) 48 ÷ 6 = _____   8) 66 ÷ 6 = _____   9) 42 ÷ 6 = _____

10) 54 ÷ 6 = _____   11) 72 ÷ 6 = _____   12) 6 ÷ 6 = _____

13) 36 ÷ 6 = _____   14) 72 ÷ 6 = _____   15) 36 ÷ 6 = _____

16) 42 ÷ 6 = _____   17) 18 ÷ 6 = _____   18) 48 ÷ 6 = _____

19) 66 ÷ 6 = _____   20) 42 ÷ 6 = _____   21) 30 ÷ 6 = _____

22) 12 ÷ 6 = _____   23) 6 ÷ 6 = _____   24) 54 ÷ 6 = _____

25) 42 ÷ 6 = _____   26) 18 ÷ 6 = _____   27) 12 ÷ 6 = _____

28) 48 ÷ 6 = _____   29) 66 ÷ 6 = _____   30) 66 ÷ 6 = _____

Dividing by 6: Part 3

Name: _____ Date: _____

Time: _____ : _____ Score: _____

1) 60 ÷ 6 = _____   2) 54 ÷ 6 = _____   3) 18 ÷ 6 = _____

4) 30 ÷ 6 = _____   5) 42 ÷ 6 = _____   6) 72 ÷ 6 = _____

7) 24 ÷ 6 = _____   8) 36 ÷ 6 = _____   9) 66 ÷ 6 = _____

10) 48 ÷ 6 = _____   11) 12 ÷ 6 = _____   12) 6 ÷ 6 = _____

13) 30 ÷ 6 = _____   14) 18 ÷ 6 = _____   15) 24 ÷ 6 = _____

16) 54 ÷ 6 = _____   17) 54 ÷ 6 = _____   18) 72 ÷ 6 = _____

19) 42 ÷ 6 = _____   20) 54 ÷ 6 = _____   21) 72 ÷ 6 = _____

22) 18 ÷ 6 = _____   23) 42 ÷ 6 = _____   24) 12 ÷ 6 = _____

25) 36 ÷ 6 = _____   26) 30 ÷ 6 = _____   27) 30 ÷ 6 = _____

28) 12 ÷ 6 = _____   29) 24 ÷ 6 = _____   30) 12 ÷ 6 = _____

Multiplying by 7: Part 1

Name: _____ Date: _____

Time: _____ : _____ Score: _____

1) 7 × 1

2) 7 × 10

3) 7 × 3

4) 7 × 12

5) 7 × 6

6) 7 × 8

7) 7 × 7

8) 7 × 2

9) 7 × 4

10) 7 × 9

11) 7 × 11

12) 7 × 0

13) 7 × 5

14) 7 × 9

15) 7 × 10

16) 7 × 8

17) 7 × 3

18) 7 × 8

19) 7 × 1

20) 7 × 5

21) 7 × 8

22) 7 × 3

23) 7 × 3

24) 7 × 4

25) 7 × 11

26) 7 × 1

27) 7 × 1

28) 7 × 10

29) 7 × 1

30) 7 × 9

31) 7 × 7

32) 7 × 4

33) 7 × 2

34) 7 × 8

35) 7 × 10

36) 7 × 6

37) 7 × 12

38) 7 × 4

39) 7 × 0

40) 7 × 11

Multiplying by 7: Part 2

Name: _____ Date: _____
Time: _____ : _____   Score: _____

1) 2 × 7 = _____
2) 8 × 7 = _____
3) 7 × 7 = _____

4) 3 × 7 = _____
5) 9 × 7 = _____
6) 5 × 7 = _____

7) 1 × 7 = _____
8) 10 × 7 = _____
9) 6 × 7 = _____

10) 12 × 7 = _____
11) 4 × 7 = _____
12) 11 × 7 = _____

13) 0 × 7 = _____
14) 2 × 7 = _____
15) 9 × 7 = _____

16) 9 × 7 = _____
17) 8 × 7 = _____
18) 3 × 7 = _____

19) 11 × 7 = _____
20) 11 × 7 = _____
21) 6 × 7 = _____

22) 5 × 7 = _____
23) 4 × 7 = _____
24) 6 × 7 = _____

25) 2 × 7 = _____
26) 4 × 7 = _____
27) 7 × 7 = _____

28) 6 × 7 = _____
29) 1 × 7 = _____
30) 11 × 7 = _____

Multiplying by 7: Part 3

Name: _____ Date: _____
Time: _____ : _____   Score: _____

1) 5 × 7	2) 6 × 7	3) 11 × 7	4) 4 × 7	5) 7 × 7
6) 2 × 7	7) 10 × 7	8) 1 × 7	9) 3 × 7	10) 9 × 7
11) 8 × 7	12) 0 × 7	13) 12 × 7	14) 5 × 7	15) 10 × 7
16) 5 × 7	17) 11 × 7	18) 6 × 7	19) 7 × 7	20) 10 × 7
21) 4 × 7	22) 7 × 7	23) 10 × 7	24) 6 × 7	25) 3 × 7
26) 10 × 7	27) 2 × 7	28) 5 × 7	29) 11 × 7	30) 2 × 7
31) 8 × 7	32) 9 × 7	33) 5 × 7	34) 2 × 7	35) 2 × 7
36) 2 × 7	37) 7 × 7	38) 7 × 7	39) 7 × 7	40) 11 × 7

Dividing by 7: Part 1

Name: _____   Date: _____
Time: _____ : _____   Score: _____

1) 49 ÷ 7 = _____
2) 42 ÷ 7 = _____
3) 63 ÷ 7 = _____

4) 84 ÷ 7 = _____
5) 21 ÷ 7 = _____
6) 7 ÷ 7 = _____

7) 28 ÷ 7 = _____
8) 14 ÷ 7 = _____
9) 77 ÷ 7 = _____

10) 70 ÷ 7 = _____
11) 56 ÷ 7 = _____
12) 35 ÷ 7 = _____

13) 42 ÷ 7 = _____
14) 63 ÷ 7 = _____
15) 49 ÷ 7 = _____

16) 56 ÷ 7 = _____
17) 84 ÷ 7 = _____
18) 84 ÷ 7 = _____

19) 14 ÷ 7 = _____
20) 35 ÷ 7 = _____
21) 77 ÷ 7 = _____

22) 56 ÷ 7 = _____
23) 56 ÷ 7 = _____
24) 42 ÷ 7 = _____

25) 14 ÷ 7 = _____
26) 56 ÷ 7 = _____
27) 77 ÷ 7 = _____

28) 35 ÷ 7 = _____
29) 42 ÷ 7 = _____
30) 63 ÷ 7 = _____

Dividing by 7: Part 2

Name: _____   Date: _____
Time: ___ : ___   Score: _____

1) 56 ÷ 7 = _____
2) 7 ÷ 7 = _____
3) 77 ÷ 7 = _____

4) 84 ÷ 7 = _____
5) 35 ÷ 7 = _____
6) 63 ÷ 7 = _____

7) 49 ÷ 7 = _____
8) 28 ÷ 7 = _____
9) 42 ÷ 7 = _____

10) 14 ÷ 7 = _____
11) 21 ÷ 7 = _____
12) 70 ÷ 7 = _____

13) 35 ÷ 7 = _____
14) 49 ÷ 7 = _____
15) 70 ÷ 7 = _____

16) 35 ÷ 7 = _____
17) 63 ÷ 7 = _____
18) 42 ÷ 7 = _____

19) 49 ÷ 7 = _____
20) 21 ÷ 7 = _____
21) 35 ÷ 7 = _____

22) 84 ÷ 7 = _____
23) 84 ÷ 7 = _____
24) 42 ÷ 7 = _____

25) 70 ÷ 7 = _____
26) 77 ÷ 7 = _____
27) 49 ÷ 7 = _____

28) 21 ÷ 7 = _____
29) 35 ÷ 7 = _____
30) 49 ÷ 7 = _____

Dividing by 7: Part 3

Name: _____ Date: _____
Time: _____ : _____   Score: _____

1) 21 ÷ 7 = _____
2) 42 ÷ 7 = _____
3) 49 ÷ 7 = _____
4) 14 ÷ 7 = _____
5) 56 ÷ 7 = _____
6) 70 ÷ 7 = _____
7) 63 ÷ 7 = _____
8) 84 ÷ 7 = _____
9) 28 ÷ 7 = _____
10) 77 ÷ 7 = _____
11) 35 ÷ 7 = _____
12) 7 ÷ 7 = _____
13) 49 ÷ 7 = _____
14) 42 ÷ 7 = _____
15) 56 ÷ 7 = _____
16) 14 ÷ 7 = _____
17) 63 ÷ 7 = _____
18) 21 ÷ 7 = _____
19) 49 ÷ 7 = _____
20) 63 ÷ 7 = _____
21) 14 ÷ 7 = _____
22) 14 ÷ 7 = _____
23) 70 ÷ 7 = _____
24) 14 ÷ 7 = _____
25) 63 ÷ 7 = _____
26) 49 ÷ 7 = _____
27) 70 ÷ 7 = _____
28) 56 ÷ 7 = _____
29) 35 ÷ 7 = _____
30) 21 ÷ 7 = _____

Multiplying by 8: Part 1

Name: _____ Date: _____

Time: _____ : _____ Score: _____

1) 8 × 4

2) 8 × 11

3) 8 × 2

4) 8 × 3

5) 8 × 7

6) 8 × 10

7) 8 × 6

8) 8 × 5

9) 8 × 9

10) 8 × 1

11) 8 × 8

12) 8 × 0

13) 8 × 4

14) 8 × 12

15) 8 × 6

16) 8 × 6

17) 8 × 9

18) 8 × 2

19) 8 × 7

20) 8 × 2

21) 8 × 11

22) 8 × 11

23) 8 × 5

24) 8 × 9

25) 8 × 10

26) 8 × 1

27) 8 × 10

28) 8 × 9

29) 8 × 0

30) 8 × 1

31) 8 × 2

32) 8 × 6

33) 8 × 7

34) 8 × 10

35) 8 × 7

36) 8 × 1

37) 8 × 5

38) 8 × 9

39) 8 × 3

40) 8 × 0

Multiplying by 8: Part 2

Name: _____ Date: _____
Time: _____ : _____ Score: _____

1) 7 × 8 = _____
2) 6 × 8 = _____
3) 3 × 8 = _____
4) 8 × 8 = _____
5) 10 × 8 = _____
6) 5 × 8 = _____
7) 9 × 8 = _____
8) 12 × 8 = _____
9) 2 × 8 = _____
10) 1 × 8 = _____
11) 11 × 8 = _____
12) 0 × 8 = _____
13) 4 × 8 = _____
14) 4 × 8 = _____
15) 4 × 8 = _____
16) 9 × 8 = _____
17) 2 × 8 = _____
18) 4 × 8 = _____
19) 10 × 8 = _____
20) 10 × 8 = _____
21) 3 × 8 = _____
22) 7 × 8 = _____
23) 3 × 8 = _____
24) 10 × 8 = _____
25) 4 × 8 = _____
26) 9 × 8 = _____
27) 10 × 8 = _____
28) 4 × 8 = _____
29) 7 × 8 = _____
30) 6 × 8 = _____

Multiplying by 8: Part 3

Name: _____ Date: _____

Time: _____ : _____ Score: _____

1) 8 × 7
2) 8 × 2
3) 8 × 11
4) 8 × 8
5) 8 × 3

6) 8 × 1
7) 8 × 5
8) 8 × 9
9) 8 × 10
10) 8 × 0

11) 8 × 6
12) 8 × 12
13) 8 × 4
14) 8 × 0
15) 8 × 9

16) 8 × 4
17) 8 × 8
18) 8 × 10
19) 8 × 10
20) 8 × 12

21) 8 × 4
22) 8 × 3
23) 8 × 9
24) 8 × 11
25) 8 × 8

26) 8 × 6
27) 8 × 7
28) 8 × 11
29) 8 × 12
30) 8 × 1

31) 8 × 3
32) 8 × 2
33) 8 × 5
34) 8 × 0
35) 8 × 7

36) 8 × 1
37) 8 × 5
38) 8 × 7
39) 8 × 10
40) 8 × 2

Dividing by 8: Part 1

Name: _____ Date: _____

Time: _____ : _____ Score: _____

1) **64 ÷ 8 =** _____
2) **96 ÷ 8 =** _____
3) **32 ÷ 8 =** _____

4) **40 ÷ 8 =** _____
5) **8 ÷ 8 =** _____
6) **56 ÷ 8 =** _____

7) **48 ÷ 8 =** _____
8) **88 ÷ 8 =** _____
9) **24 ÷ 8 =** _____

10) **80 ÷ 8 =** _____
11) **72 ÷ 8 =** _____
12) **16 ÷ 8 =** _____

13) **48 ÷ 8 =** _____
14) **56 ÷ 8 =** _____
15) **40 ÷ 8 =** _____

16) **8 ÷ 8 =** _____
17) **56 ÷ 8 =** _____
18) **48 ÷ 8 =** _____

19) **32 ÷ 8 =** _____
20) **64 ÷ 8 =** _____
21) **24 ÷ 8 =** _____

22) **8 ÷ 8 =** _____
23) **88 ÷ 8 =** _____
24) **72 ÷ 8 =** _____

25) **24 ÷ 8 =** _____
26) **48 ÷ 8 =** _____
27) **24 ÷ 8 =** _____

28) **32 ÷ 8 =** _____
29) **48 ÷ 8 =** _____
30) **56 ÷ 8 =** _____

Dividing by 8: Part 2

Name: _____ Date: _____

Time: _____ : _____ Score: _____

1) 80 ÷ 8 = _____
2) 32 ÷ 8 = _____
3) 64 ÷ 8 = _____

4) 48 ÷ 8 = _____
5) 40 ÷ 8 = _____
6) 56 ÷ 8 = _____

7) 24 ÷ 8 = _____
8) 96 ÷ 8 = _____
9) 16 ÷ 8 = _____

10) 88 ÷ 8 = _____
11) 8 ÷ 8 = _____
12) 72 ÷ 8 = _____

13) 24 ÷ 8 = _____
14) 80 ÷ 8 = _____
15) 16 ÷ 8 = _____

16) 32 ÷ 8 = _____
17) 88 ÷ 8 = _____
18) 88 ÷ 8 = _____

19) 80 ÷ 8 = _____
20) 56 ÷ 8 = _____
21) 80 ÷ 8 = _____

22) 24 ÷ 8 = _____
23) 56 ÷ 8 = _____
24) 88 ÷ 8 = _____

25) 72 ÷ 8 = _____
26) 80 ÷ 8 = _____
27) 96 ÷ 8 = _____

28) 80 ÷ 8 = _____
29) 72 ÷ 8 = _____
30) 48 ÷ 8 = _____

Dividing by 8: Part 3

Name: _____ Date: _____

Time: _____ : _____ Score: _____

1) 96 ÷ 8 = _____
2) 24 ÷ 8 = _____
3) 40 ÷ 8 = _____
4) 56 ÷ 8 = _____
5) 88 ÷ 8 = _____
6) 48 ÷ 8 = _____
7) 64 ÷ 8 = _____
8) 16 ÷ 8 = _____
9) 80 ÷ 8 = _____
10) 32 ÷ 8 = _____
11) 72 ÷ 8 = _____
12) 8 ÷ 8 = _____
13) 64 ÷ 8 = _____
14) 64 ÷ 8 = _____
15) 24 ÷ 8 = _____
16) 56 ÷ 8 = _____
17) 64 ÷ 8 = _____
18) 40 ÷ 8 = _____
19) 56 ÷ 8 = _____
20) 40 ÷ 8 = _____
21) 24 ÷ 8 = _____
22) 64 ÷ 8 = _____
23) 96 ÷ 8 = _____
24) 24 ÷ 8 = _____
25) 40 ÷ 8 = _____
26) 88 ÷ 8 = _____
27) 40 ÷ 8 = _____
28) 80 ÷ 8 = _____
29) 40 ÷ 8 = _____
30) 32 ÷ 8 = _____

Multiplying by 9: Part 1

Name: _____ Date: _____

Time: _____ : _____ Score: _____

1) 9 × 2	2) 9 × 7	3) 9 × 9	4) 9 × 6	5) 9 × 11
6) 9 × 5	7) 9 × 8	8) 9 × 10	9) 9 × 4	10) 9 × 3
11) 9 × 0	12) 9 × 1	13) 9 × 12	14) 9 × 0	15) 9 × 5
16) 9 × 12	17) 9 × 9	18) 9 × 6	19) 9 × 11	20) 9 × 4
21) 9 × 10	22) 9 × 2	23) 9 × 3	24) 9 × 1	25) 9 × 1
26) 9 × 12	27) 9 × 8	28) 9 × 2	29) 9 × 12	30) 9 × 1
31) 9 × 12	32) 9 × 3	33) 9 × 12	34) 9 × 11	35) 9 × 9
36) 9 × 8	37) 9 × 0	38) 9 × 11	39) 9 × 1	40) 9 × 10

Multiplying by 9: Part 2

Name: _____ Date: _____

Time: _____ : _____   Score: _____

1) 10 × 9 = _____
2) 6 × 9 = _____
3) 4 × 9 = _____

4) 1 × 9 = _____
5) 12 × 9 = _____
6) 2 × 9 = _____

7) 11 × 9 = _____
8) 3 × 9 = _____
9) 8 × 9 = _____

10) 9 × 9 = _____
11) 5 × 9 = _____
12) 7 × 9 = _____

13) 0 × 9 = _____
14) 5 × 9 = _____
15) 0 × 9 = _____

16) 10 × 9 = _____
17) 7 × 9 = _____
18) 4 × 9 = _____

19) 12 × 9 = _____
20) 7 × 9 = _____
21) 1 × 9 = _____

22) 9 × 9 = _____
23) 3 × 9 = _____
24) 11 × 9 = _____

25) 2 × 9 = _____
26) 3 × 9 = _____
27) 11 × 9 = _____

28) 10 × 9 = _____
29) 8 × 9 = _____
30) 5 × 9 = _____

Multiplying by 9: Part 3

Name: _____ Date: _____
Time: _____ : _____ Score: _____

1) 9 × 11
2) 9 × 4
3) 9 × 9
4) 9 × 10
5) 9 × 2

6) 9 × 0
7) 9 × 1
8) 9 × 8
9) 9 × 7
10) 9 × 6

11) 9 × 3
12) 9 × 5
13) 9 × 7
14) 9 × 12
15) 9 × 11

16) 9 × 9
17) 9 × 4
18) 9 × 11
19) 9 × 1
20) 9 × 0

21) 9 × 11
22) 9 × 9
23) 9 × 1
24) 9 × 6
25) 9 × 1

26) 9 × 5
27) 9 × 9
28) 9 × 12
29) 9 × 3
30) 9 × 2

31) 9 × 2
32) 9 × 7
33) 9 × 6
34) 9 × 12
35) 9 × 8

36) 9 × 5
37) 9 × 7
38) 9 × 4
39) 9 × 11
40) 9 × 12

Dividing by 9: Part 1

Name: _____   Date: _____
Time: _____ : _____   Score: _____

1) 90 ÷ 9 = _____
2) 72 ÷ 9 = _____
3) 9 ÷ 9 = _____

4) 54 ÷ 9 = _____
5) 99 ÷ 9 = _____
6) 18 ÷ 9 = _____

7) 36 ÷ 9 = _____
8) 45 ÷ 9 = _____
9) 27 ÷ 9 = _____

10) 63 ÷ 9 = _____
11) 81 ÷ 9 = _____
12) 108 ÷ 9 = _____

13) 45 ÷ 9 = _____
14) 63 ÷ 9 = _____
15) 18 ÷ 9 = _____

16) 18 ÷ 9 = _____
17) 9 ÷ 9 = _____
18) 63 ÷ 9 = _____

19) 54 ÷ 9 = _____
20) 90 ÷ 9 = _____
21) 27 ÷ 9 = _____

22) 81 ÷ 9 = _____
23) 18 ÷ 9 = _____
24) 18 ÷ 9 = _____

25) 54 ÷ 9 = _____
26) 45 ÷ 9 = _____
27) 54 ÷ 9 = _____

28) 18 ÷ 9 = _____
29) 27 ÷ 9 = _____
30) 36 ÷ 9 = _____

Dividing by 9: Part 2

Name: _____ Date: _____

Time: _____ : _____   Score: _____

1) 63 ÷ 9 = _____
2) 45 ÷ 9 = _____
3) 27 ÷ 9 = _____

4) 54 ÷ 9 = _____
5) 90 ÷ 9 = _____
6) 99 ÷ 9 = _____

7) 72 ÷ 9 = _____
8) 18 ÷ 9 = _____
9) 9 ÷ 9 = _____

10) 36 ÷ 9 = _____
11) 81 ÷ 9 = _____
12) 108 ÷ 9 = _____

13) 63 ÷ 9 = _____
14) 72 ÷ 9 = _____
15) 99 ÷ 9 = _____

16) 72 ÷ 9 = _____
17) 81 ÷ 9 = _____
18) 108 ÷ 9 = _____

19) 45 ÷ 9 = _____
20) 99 ÷ 9 = _____
21) 18 ÷ 9 = _____

22) 81 ÷ 9 = _____
23) 54 ÷ 9 = _____
24) 63 ÷ 9 = _____

25) 36 ÷ 9 = _____
26) 99 ÷ 9 = _____
27) 45 ÷ 9 = _____

28) 108 ÷ 9 = _____
29) 81 ÷ 9 = _____
30) 72 ÷ 9 = _____

Dividing by 9: Part 3

Name: _____ Date: _____
Time: _____ : _____   Score: _____

1) 27 ÷ 9 = _____
2) 108 ÷ 9 = _____
3) 63 ÷ 9 = _____
4) 54 ÷ 9 = _____
5) 18 ÷ 9 = _____
6) 81 ÷ 9 = _____
7) 45 ÷ 9 = _____
8) 72 ÷ 9 = _____
9) 36 ÷ 9 = _____
10) 99 ÷ 9 = _____
11) 9 ÷ 9 = _____
12) 90 ÷ 9 = _____
13) 90 ÷ 9 = _____
14) 72 ÷ 9 = _____
15) 27 ÷ 9 = _____
16) 72 ÷ 9 = _____
17) 90 ÷ 9 = _____
18) 45 ÷ 9 = _____
19) 36 ÷ 9 = _____
20) 9 ÷ 9 = _____
21) 36 ÷ 9 = _____
22) 72 ÷ 9 = _____
23) 63 ÷ 9 = _____
24) 36 ÷ 9 = _____
25) 54 ÷ 9 = _____
26) 18 ÷ 9 = _____
27) 27 ÷ 9 = _____
28) 72 ÷ 9 = _____
29) 45 ÷ 9 = _____
30) 54 ÷ 9 = _____

Multiplying by 10: Part 1

Name: _____ Date: _____

Time: _____ : _____   Score: _____

1) 10 × 2	2) 10 × 4	3) 10 × 1	4) 10 × 8	5) 10 × 5
6) 10 × 11	7) 10 × 6	8) 10 × 7	9) 10 × 10	10) 10 × 0
11) 10 × 9	12) 10 × 3	13) 10 × 12	14) 10 × 1	15) 10 × 11
16) 10 × 1	17) 10 × 2	18) 10 × 1	19) 10 × 5	20) 10 × 5
21) 10 × 7	22) 10 × 0	23) 10 × 4	24) 10 × 11	25) 10 × 1
26) 10 × 11	27) 10 × 0	28) 10 × 6	29) 10 × 5	30) 10 × 4
31) 10 × 10	32) 10 × 7	33) 10 × 4	34) 10 × 5	35) 10 × 9
36) 10 × 3	37) 10 × 9	38) 10 × 5	39) 10 × 2	40) 10 × 10

55

Multiplying by 10: Part 2

Name: _____ Date: _____
Time: :   Score: _____

1) **6 × 10 =** _____
2) **9 × 10 =** _____
3) **8 × 10 =** _____

4) **11 × 10 =** _____
5) **2 × 10 =** _____
6) **5 × 10 =** _____

7) **4 × 10 =** _____
8) **3 × 10 =** _____
9) **10 × 10 =** _____

10) **0 × 10 =** _____
11) **1 × 10 =** _____
12) **7 × 10 =** _____

13) **12 × 10 =** _____
14) **2 × 10 =** _____
15) **2 × 10 =** _____

16) **10 × 10 =** _____
17) **10 × 10 =** _____
18) **5 × 10 =** _____

19) **10 × 10 =** _____
20) **10 × 10 =** _____
21) **9 × 10 =** _____

22) **6 × 10 =** _____
23) **10 × 10 =** _____
24) **9 × 10 =** _____

25) **1 × 10 =** _____
26) **8 × 10 =** _____
27) **6 × 10 =** _____

28) **11 × 10 =** _____
29) **8 × 10 =** _____
30) **2 × 10 =** _____

Multiplying by 10: Part 3

Name: _____ Date: _____
Time: _____ : _____   Score: _____

1) 10 × 4
2) 10 × 11
3) 10 × 3
4) 10 × 1
5) 10 × 12

6) 10 × 9
7) 10 × 6
8) 10 × 10
9) 10 × 2
10) 10 × 0

11) 10 × 5
12) 10 × 7
13) 10 × 8
14) 10 × 6
15) 10 × 10

16) 10 × 2
17) 10 × 3
18) 10 × 2
19) 10 × 9
20) 10 × 12

21) 10 × 11
22) 10 × 6
23) 10 × 8
24) 10 × 3
25) 10 × 0

26) 10 × 7
27) 10 × 9
28) 10 × 5
29) 10 × 11
30) 10 × 4

31) 10 × 5
32) 10 × 5
33) 10 × 8
34) 10 × 12
35) 10 × 2

36) 10 × 3
37) 10 × 3
38) 10 × 11
39) 10 × 8
40) 10 × 7

Dividing by 10: Part 1

Name: Date:

Time: :   Score:

1) 20 ÷ 10 = ____   2) 30 ÷ 10 = ____   3) 110 ÷ 10 = ____

4) 100 ÷ 10 = ____   5) 70 ÷ 10 = ____   6) 90 ÷ 10 = ____

7) 80 ÷ 10 = ____   8) 60 ÷ 10 = ____   9) 120 ÷ 10 = ____

10) 10 ÷ 10 = ____   11) 50 ÷ 10 = ____   12) 40 ÷ 10 = ____

13) 70 ÷ 10 = ____   14) 30 ÷ 10 = ____   15) 10 ÷ 10 = ____

16) 80 ÷ 10 = ____   17) 90 ÷ 10 = ____   18) 50 ÷ 10 = ____

19) 60 ÷ 10 = ____   20) 110 ÷ 10 = ____   21) 110 ÷ 10 = ____

22) 50 ÷ 10 = ____   23) 100 ÷ 10 = ____   24) 90 ÷ 10 = ____

25) 70 ÷ 10 = ____   26) 70 ÷ 10 = ____   27) 10 ÷ 10 = ____

28) 20 ÷ 10 = ____   29) 100 ÷ 10 = ____   30) 110 ÷ 10 = ____

Dividing by 10: Part 2

Name: _____   Date: _____

Time: _____ : _____   Score: _____

1) 110 ÷ 10 = ____
2) 20 ÷ 10 = ____
3) 40 ÷ 10 = ____

4) 100 ÷ 10 = ____
5) 50 ÷ 10 = ____
6) 60 ÷ 10 = ____

7) 80 ÷ 10 = ____
8) 90 ÷ 10 = ____
9) 70 ÷ 10 = ____

10) 10 ÷ 10 = ____
11) 120 ÷ 10 = ____
12) 30 ÷ 10 = ____

13) 50 ÷ 10 = ____
14) 40 ÷ 10 = ____
15) 90 ÷ 10 = ____

16) 20 ÷ 10 = ____
17) 120 ÷ 10 = ____
18) 40 ÷ 10 = ____

19) 70 ÷ 10 = ____
20) 80 ÷ 10 = ____
21) 120 ÷ 10 = ____

22) 50 ÷ 10 = ____
23) 90 ÷ 10 = ____
24) 20 ÷ 10 = ____

25) 60 ÷ 10 = ____
26) 90 ÷ 10 = ____
27) 40 ÷ 10 = ____

28) 60 ÷ 10 = ____
29) 90 ÷ 10 = ____
30) 30 ÷ 10 = ____

Dividing by 10: Part 3

Name: _____ Date: _____

Time: _____ : _____   Score: _____

1) 20 ÷ 10 = ____
2) 40 ÷ 10 = ____
3) 60 ÷ 10 = ____

4) 50 ÷ 10 = ____
5) 80 ÷ 10 = ____
6) 110 ÷ 10 = ____

7) 90 ÷ 10 = ____
8) 70 ÷ 10 = ____
9) 30 ÷ 10 = ____

10) 100 ÷ 10 = ____
11) 10 ÷ 10 = ____
12) 120 ÷ 10 = ____

13) 40 ÷ 10 = ____
14) 50 ÷ 10 = ____
15) 70 ÷ 10 = ____

16) 30 ÷ 10 = ____
17) 90 ÷ 10 = ____
18) 110 ÷ 10 = ____

19) 40 ÷ 10 = ____
20) 40 ÷ 10 = ____
21) 100 ÷ 10 = ____

22) 120 ÷ 10 = ____
23) 100 ÷ 10 = ____
24) 50 ÷ 10 = ____

25) 90 ÷ 10 = ____
26) 40 ÷ 10 = ____
27) 70 ÷ 10 = ____

28) 40 ÷ 10 = ____
29) 100 ÷ 10 = ____
30) 60 ÷ 10 = ____

Multiplying by 11: Part 1

Name: _____ Date: _____

Time: _____ : _____ Score: _____

1) 11 × 7	2) 11 × 10	3) 11 × 1	4) 11 × 0	5) 11 × 8
6) 11 × 6	7) 11 × 5	8) 11 × 9	9) 11 × 12	10) 11 × 2
11) 11 × 11	12) 11 × 3	13) 11 × 4	14) 11 × 4	15) 11 × 8
16) 11 × 9	17) 11 × 11	18) 11 × 4	19) 11 × 5	20) 11 × 11
21) 11 × 11	22) 11 × 1	23) 11 × 11	24) 11 × 7	25) 11 × 5
26) 11 × 8	27) 11 × 10	28) 11 × 10	29) 11 × 8	30) 11 × 9
31) 11 × 4	32) 11 × 10	33) 11 × 9	34) 11 × 10	35) 11 × 6
36) 11 × 4	37) 11 × 6	38) 11 × 4	39) 11 × 4	40) 11 × 12

Multiplying by 11: Part 2

Name: _____ Date: _____
Time: :   Score: _____

1) 5 × 11 = _____   2) 9 × 11 = _____   3) 4 × 11 = _____

4) 6 × 11 = _____   5) 0 × 11 = _____   6) 11 × 11 = _____

7) 7 × 11 = _____   8) 10 × 11 = _____   9) 1 × 11 = _____

10) 3 × 11 = _____   11) 2 × 11 = _____   12) 12 × 11 = _____

13) 8 × 11 = _____   14) 3 × 11 = _____   15) 10 × 11 = _____

16) 6 × 11 = _____   17) 9 × 11 = _____   18) 4 × 11 = _____

19) 1 × 11 = _____   20) 1 × 11 = _____   21) 11 × 11 = _____

22) 0 × 11 = _____   23) 2 × 11 = _____   24) 11 × 11 = _____

25) 1 × 11 = _____   26) 6 × 11 = _____   27) 8 × 11 = _____

28) 5 × 11 = _____   29) 9 × 11 = _____   30) 5 × 11 = _____

Multiplying by 11: Part 3

Name: _____ Date: _____
Time: _____ : _____   Score: _____

1) 11 × 9

2) 11 × 2

3) 11 × 10

4) 11 × 11

5) 11 × 12

6) 11 × 8

7) 11 × 7

8) 11 × 6

9) 11 × 5

10) 11 × 3

11) 11 × 4

12) 11 × 1

13) 11 × 0

14) 11 × 9

15) 11 × 3

16) 11 × 2

17) 11 × 1

18) 11 × 7

19) 11 × 11

20) 11 × 3

21) 11 × 0

22) 11 × 9

23) 11 × 11

24) 11 × 8

25) 11 × 0

26) 11 × 6

27) 11 × 10

28) 11 × 8

29) 11 × 2

30) 11 × 0

31) 11 × 11

32) 11 × 11

33) 11 × 1

34) 11 × 4

35) 11 × 12

36) 11 × 7

37) 11 × 12

38) 11 × 3

39) 11 × 6

40) 11 × 5

Dividing by 11: Part 1

Name: _____   Date: _____
Time: :   Score: _____

1) 121 ÷ 11 = ____
2) 110 ÷ 11 = ____
3) 44 ÷ 11 = ____

4) 55 ÷ 11 = ____
5) 11 ÷ 11 = ____
6) 88 ÷ 11 = ____

7) 22 ÷ 11 = ____
8) 33 ÷ 11 = ____
9) 66 ÷ 11 = ____

10) 77 ÷ 11 = ____
11) 99 ÷ 11 = ____
12) 132 ÷ 11 = ____

13) 121 ÷ 11 = ____
14) 55 ÷ 11 = ____
15) 55 ÷ 11 = ____

16) 66 ÷ 11 = ____
17) 132 ÷ 11 = ____
18) 110 ÷ 11 = ____

19) 88 ÷ 11 = ____
20) 66 ÷ 11 = ____
21) 77 ÷ 11 = ____

22) 99 ÷ 11 = ____
23) 132 ÷ 11 = ____
24) 44 ÷ 11 = ____

25) 22 ÷ 11 = ____
26) 88 ÷ 11 = ____
27) 22 ÷ 11 = ____

28) 88 ÷ 11 = ____
29) 77 ÷ 11 = ____
30) 66 ÷ 11 = ____

Dividing by 11: Part 2

Name: _____ Date: _____

Time: _____ : _____   Score: _____

1) 88 ÷ 11 = ____
2) 99 ÷ 11 = ____
3) 22 ÷ 11 = ____

4) 11 ÷ 11 = ____
5) 132 ÷ 11 = ____
6) 77 ÷ 11 = ____

7) 44 ÷ 11 = ____
8) 33 ÷ 11 = ____
9) 110 ÷ 11 = ____

10) 66 ÷ 11 = ____
11) 55 ÷ 11 = ____
12) 121 ÷ 11 = ____

13) 121 ÷ 11 = ____
14) 55 ÷ 11 = ____
15) 99 ÷ 11 = ____

16) 110 ÷ 11 = ____
17) 33 ÷ 11 = ____
18) 66 ÷ 11 = ____

19) 110 ÷ 11 = ____
20) 88 ÷ 11 = ____
21) 99 ÷ 11 = ____

22) 66 ÷ 11 = ____
23) 55 ÷ 11 = ____
24) 33 ÷ 11 = ____

25) 11 ÷ 11 = ____
26) 55 ÷ 11 = ____
27) 33 ÷ 11 = ____

28) 132 ÷ 11 = ____
29) 121 ÷ 11 = ____
30) 11 ÷ 11 = ____

Dividing by 11: Part 3

Name: _____ Date: _____

Time: _____ : _____   Score: _____

1) 22 ÷ 11 = _____
2) 88 ÷ 11 = _____
3) 99 ÷ 11 = _____

4) 55 ÷ 11 = _____
5) 44 ÷ 11 = _____
6) 110 ÷ 11 = _____

7) 121 ÷ 11 = _____
8) 66 ÷ 11 = _____
9) 132 ÷ 11 = _____

10) 33 ÷ 11 = _____
11) 11 ÷ 11 = _____
12) 77 ÷ 11 = _____

13) 44 ÷ 11 = _____
14) 22 ÷ 11 = _____
15) 88 ÷ 11 = _____

16) 132 ÷ 11 = _____
17) 55 ÷ 11 = _____
18) 99 ÷ 11 = _____

19) 55 ÷ 11 = _____
20) 77 ÷ 11 = _____
21) 88 ÷ 11 = _____

22) 66 ÷ 11 = _____
23) 132 ÷ 11 = _____
24) 44 ÷ 11 = _____

25) 44 ÷ 11 = _____
26) 99 ÷ 11 = _____
27) 22 ÷ 11 = _____

28) 33 ÷ 11 = _____
29) 44 ÷ 11 = _____
30) 33 ÷ 11 = _____

Multiplying by 12: Part 1

Name: _____ Date: _____
Time: _____ : _____   Score: _____

1) 12 × 6
2) 12 × 12
3) 12 × 4
4) 12 × 8
5) 12 × 0

6) 12 × 5
7) 12 × 2
8) 12 × 1
9) 12 × 9
10) 12 × 7

11) 12 × 11
12) 12 × 3
13) 12 × 10
14) 12 × 10
15) 12 × 5

16) 12 × 5
17) 12 × 3
18) 12 × 9
19) 12 × 4
20) 12 × 8

21) 12 × 12
22) 12 × 1
23) 12 × 7
24) 12 × 4
25) 12 × 12

26) 12 × 5
27) 12 × 10
28) 12 × 12
29) 12 × 5
30) 12 × 11

31) 12 × 5
32) 12 × 11
33) 12 × 12
34) 12 × 3
35) 12 × 11

36) 12 × 11
37) 12 × 4
38) 12 × 8
39) 12 × 4
40) 12 × 7

Multiplying by 12: Part 2

Name: _____ Date: _____

Time: :   Score: _____

1) 11 × 12 = _____
2) 8 × 12 = _____
3) 10 × 12 = _____
4) 2 × 12 = _____
5) 1 × 12 = _____
6) 6 × 12 = _____
7) 0 × 12 = _____
8) 4 × 12 = _____
9) 12 × 12 = _____
10) 5 × 12 = _____
11) 9 × 12 = _____
12) 3 × 12 = _____
13) 7 × 12 = _____
14) 5 × 12 = _____
15) 12 × 12 = _____
16) 1 × 12 = _____
17) 10 × 12 = _____
18) 8 × 12 = _____
19) 2 × 12 = _____
20) 9 × 12 = _____
21) 5 × 12 = _____
22) 11 × 12 = _____
23) 7 × 12 = _____
24) 1 × 12 = _____
25) 12 × 12 = _____
26) 1 × 12 = _____
27) 1 × 12 = _____
28) 7 × 12 = _____
29) 5 × 12 = _____
30) 2 × 12 = _____

Multiplying by 12: Part 3

Name: Date:

Time: :   Score:

1) 12 × 7
2) 12 × 10
3) 12 × 12
4) 12 × 6
5) 12 × 4

6) 12 × 0
7) 12 × 2
8) 12 × 1
9) 12 × 11
10) 12 × 3

11) 12 × 8
12) 12 × 9
13) 12 × 5
14) 12 × 9
15) 12 × 12

16) 12 × 11
17) 12 × 11
18) 12 × 8
19) 12 × 8
20) 12 × 2

21) 12 × 0
22) 12 × 5
23) 12 × 9
24) 12 × 12
25) 12 × 6

26) 12 × 4
27) 12 × 11
28) 12 × 7
29) 12 × 10
30) 12 × 3

31) 12 × 6
32) 12 × 1
33) 12 × 5
34) 12 × 10
35) 12 × 1

36) 12 × 6
37) 12 × 0
38) 12 × 3
39) 12 × 6
40) 12 × 1

Dividing by 12: Part 1

Name: _____ Date: _____

Time: ____ : ____   Score: _____

1) 48 ÷ 12 = ____
2) 120 ÷ 12 = ____
3) 36 ÷ 12 = ____
4) 84 ÷ 12 = ____
5) 132 ÷ 12 = ____
6) 72 ÷ 12 = ____
7) 96 ÷ 12 = ____
8) 60 ÷ 12 = ____
9) 144 ÷ 12 = ____
10) 108 ÷ 12 = ____
11) 24 ÷ 12 = ____
12) 12 ÷ 12 = ____
13) 12 ÷ 12 = ____
14) 84 ÷ 12 = ____
15) 108 ÷ 12 = ____
16) 24 ÷ 12 = ____
17) 72 ÷ 12 = ____
18) 12 ÷ 12 = ____
19) 108 ÷ 12 = ____
20) 120 ÷ 12 = ____
21) 144 ÷ 12 = ____
22) 132 ÷ 12 = ____
23) 72 ÷ 12 = ____
24) 120 ÷ 12 = ____
25) 36 ÷ 12 = ____
26) 48 ÷ 12 = ____
27) 108 ÷ 12 = ____
28) 48 ÷ 12 = ____
29) 132 ÷ 12 = ____
30) 60 ÷ 12 = ____

Dividing by 12: Part 2

Name: _____ Date: _____
Time: _____ : _____ Score: _____

1) 72 ÷ 12 = _____
2) 60 ÷ 12 = _____
3) 84 ÷ 12 = _____

4) 96 ÷ 12 = _____
5) 24 ÷ 12 = _____
6) 36 ÷ 12 = _____

7) 120 ÷ 12 = _____
8) 108 ÷ 12 = _____
9) 48 ÷ 12 = _____

10) 12 ÷ 12 = _____
11) 132 ÷ 12 = _____
12) 144 ÷ 12 = _____

13) 108 ÷ 12 = _____
14) 96 ÷ 12 = _____
15) 72 ÷ 12 = _____

16) 132 ÷ 12 = _____
17) 132 ÷ 12 = _____
18) 36 ÷ 12 = _____

19) 108 ÷ 12 = _____
20) 60 ÷ 12 = _____
21) 48 ÷ 12 = _____

22) 96 ÷ 12 = _____
23) 36 ÷ 12 = _____
24) 24 ÷ 12 = _____

25) 72 ÷ 12 = _____
26) 36 ÷ 12 = _____
27) 24 ÷ 12 = _____

28) 132 ÷ 12 = _____
29) 24 ÷ 12 = _____
30) 108 ÷ 12 = _____

Dividing by 12: Part 3

Name: _____ Date: _____
Time: _____ : _____   Score: _____

1) 72 ÷ 12 = ____
2) 96 ÷ 12 = ____
3) 24 ÷ 12 = ____

4) 12 ÷ 12 = ____
5) 108 ÷ 12 = ____
6) 36 ÷ 12 = ____

7) 132 ÷ 12 = ____
8) 84 ÷ 12 = ____
9) 60 ÷ 12 = ____

10) 120 ÷ 12 = ____
11) 144 ÷ 12 = ____
12) 48 ÷ 12 = ____

13) 36 ÷ 12 = ____
14) 24 ÷ 12 = ____
15) 108 ÷ 12 = ____

16) 48 ÷ 12 = ____
17) 144 ÷ 12 = ____
18) 48 ÷ 12 = ____

19) 48 ÷ 12 = ____
20) 96 ÷ 12 = ____
21) 108 ÷ 12 = ____

22) 132 ÷ 12 = ____
23) 72 ÷ 12 = ____
24) 108 ÷ 12 = ____

25) 72 ÷ 12 = ____
26) 84 ÷ 12 = ____
27) 72 ÷ 12 = ____

28) 24 ÷ 12 = ____
29) 108 ÷ 12 = ____
30) 72 ÷ 12 = ____

Multiplying and Dividing 0-12: Part 1

Name: _____ Date: _____
Time: _____ : _____ Score: _____

1) $9 \times 1 = $ _____
2) $36 \div 12 = $ _____
3) $72 \div 12 = $ _____
4) $108 \div 12 = $ _____
5) $5 \times 10 = $ _____
6) $12 \div 12 = $ _____
7) $48 \div 12 = $ _____
8) $60 \div 12 = $ _____
9) $120 \div 12 = $ _____
10) $1 \times 5 = $ _____
11) $3 \times 10 = $ _____
12) $6 \times 2 = $ _____
13) $96 \div 12 = $ _____
14) $10 \times 8 = $ _____
15) $12 \times 3 = $ _____
16) $84 \div 12 = $ _____
17) $1 \times 1 = $ _____
18) $5 \times 4 = $ _____
19) $144 \div 12 = $ _____
20) $6 \times 8 = $ _____
21) $132 \div 12 = $ _____
22) $24 \div 12 = $ _____
23) $3 \times 4 = $ _____
24) $2 \times 0 = $ _____
25) $2 \times 4 = $ _____
26) $84 \div 12 = $ _____
27) $108 \div 12 = $ _____
28) $2 \times 3 = $ _____
29) $96 \div 12 = $ _____
30) $4 \times 2 = $ _____
31) $84 \div 12 = $ _____
32) $72 \div 12 = $ _____
33) $10 \times 6 = $ _____
34) $84 \div 12 = $ _____
35) $120 \div 12 = $ _____
36) $11 \times 2 = $ _____
37) $10 \times 9 = $ _____
38) $3 \times 11 = $ _____
39) $36 \div 12 = $ _____
40) $11 \times 8 = $ _____
41) $144 \div 12 = $ _____
42) $48 \div 12 = $ _____
43) $12 \times 9 = $ _____
44) $3 \times 12 = $ _____
45) $10 \times 5 = $ _____

Multiplying and Dividing 0-12: Part 2

Name: _____ Date: _____

Time: _____ : _____ Score: _____

1) 84 ÷ 12 = _____
2) 10 × 8 = _____
3) 24 ÷ 12 = _____
4) 3 × 7 = _____
5) 120 ÷ 12 = _____
6) 36 ÷ 12 = _____
7) 96 ÷ 12 = _____
8) 5 × 3 = _____
9) 108 ÷ 12 = _____
10) 72 ÷ 12 = _____
11) 3 × 5 = _____
12) 60 ÷ 12 = _____
13) 4 × 8 = _____
14) 3 × 10 = _____
15) 8 × 8 = _____
16) 8 × 4 = _____
17) 11 × 4 = _____
18) 12 ÷ 12 = _____
19) 9 × 1 = _____
20) 144 ÷ 12 = _____
21) 3 × 8 = _____
22) 48 ÷ 12 = _____
23) 132 ÷ 12 = _____
24) 12 ÷ 12 = _____
25) 11 × 2 = _____
26) 1 × 10 = _____
27) 8 × 6 = _____
28) 60 ÷ 12 = _____
29) 2 × 8 = _____
30) 1 × 2 = _____
31) 2 × 2 = _____
32) 60 ÷ 12 = _____
33) 24 ÷ 12 = _____
34) 120 ÷ 12 = _____
35) 9 × 10 = _____
36) 7 × 5 = _____
37) 84 ÷ 12 = _____
38) 12 ÷ 12 = _____
39) 9 × 8 = _____
40) 7 × 1 = _____
41) 96 ÷ 12 = _____
42) 96 ÷ 12 = _____
43) 11 × 7 = _____
44) 0 × 8 = _____
45) 48 ÷ 12 = _____

Multiplying and Dividing 0-12: Part 3

Name: _____ Date: _____

Time: _____ : _____   Score: _____

1) 1 × 5 = _____
2) 11 × 4 = _____
3) 108 ÷ 12 = _____
4) 84 ÷ 12 = _____
5) 3 × 4 = _____
6) 11 × 10 = _____
7) 24 ÷ 12 = _____
8) 72 ÷ 12 = _____
9) 96 ÷ 12 = _____
10) 9 × 8 = _____
11) 6 × 5 = _____
12) 120 ÷ 12 = _____
13) 48 ÷ 12 = _____
14) 3 × 3 = _____
15) 2 × 10 = _____
16) 3 × 5 = _____
17) 11 × 0 = _____
18) 6 × 1 = _____
19) 132 ÷ 12 = _____
20) 8 × 9 = _____
21) 60 ÷ 12 = _____
22) 2 × 9 = _____
23) 0 × 5 = _____
24) 5 × 1 = _____
25) 6 × 0 = _____
26) 12 ÷ 12 = _____
27) 2 × 7 = _____
28) 36 ÷ 12 = _____
29) 144 ÷ 12 = _____
30) 7 × 9 = _____
31) 120 ÷ 12 = _____
32) 10 × 10 = _____
33) 132 ÷ 12 = _____
34) 10 × 1 = _____
35) 72 ÷ 12 = _____
36) 8 × 6 = _____
37) 60 ÷ 12 = _____
38) 36 ÷ 12 = _____
39) 36 ÷ 12 = _____
40) 72 ÷ 12 = _____
41) 11 × 8 = _____
42) 3 × 12 = _____
43) 36 ÷ 12 = _____
44) 24 ÷ 12 = _____
45) 36 ÷ 12 = _____

Multiplying and Dividing 0-12: Part 4

Name: _____ Date: _____
Time: :   Score: _____

1) 10 × 5 = _____
2) 132 ÷ 12 = _____
3) 144 ÷ 12 = _____
4) 10 × 11 = _____
5) 6 × 9 = _____
6) 0 × 7 = _____
7) 7 × 3 = _____
8) 24 ÷ 12 = _____
9) 96 ÷ 12 = _____
10) 1 × 11 = _____
11) 7 × 7 = _____
12) 72 ÷ 12 = _____
13) 5 × 11 = _____
14) 3 × 4 = _____
15) 84 ÷ 12 = _____
16) 3 × 3 = _____
17) 10 × 4 = _____
18) 48 ÷ 12 = _____
19) 60 ÷ 12 = _____
20) 108 ÷ 12 = _____
21) 4 × 4 = _____
22) 1 × 2 = _____
23) 6 × 2 = _____
24) 36 ÷ 12 = _____
25) 120 ÷ 12 = _____
26) 3 × 2 = _____
27) 12 ÷ 12 = _____
28) 6 × 10 = _____
29) 24 ÷ 12 = _____
30) 12 × 7 = _____
31) 12 × 5 = _____
32) 11 × 2 = _____
33) 108 ÷ 12 = _____
34) 9 × 6 = _____
35) 120 ÷ 12 = _____
36) 120 ÷ 12 = _____
37) 10 × 8 = _____
38) 5 × 7 = _____
39) 0 × 1 = _____
40) 48 ÷ 12 = _____
41) 24 ÷ 12 = _____
42) 84 ÷ 12 = _____
43) 60 ÷ 12 = _____
44) 48 ÷ 12 = _____
45) 60 ÷ 12 = _____

Multiplying and Dividing 0-12: Part 5

Name: _____ Date: _____
Time: :   Score: _____

1) 5 × 6 = _____
2) 1 × 11 = _____
3) 5 × 10 = _____
4) 84 ÷ 12 = _____
5) 6 × 11 = _____
6) 72 ÷ 12 = _____
7) 7 × 7 = _____
8) 96 ÷ 12 = _____
9) 4 × 2 = _____
10) 0 × 12 = _____
11) 5 × 8 = _____
12) 132 ÷ 12 = _____
13) 2 × 11 = _____
14) 108 ÷ 12 = _____
15) 120 ÷ 12 = _____
16) 6 × 2 = _____
17) 24 ÷ 12 = _____
18) 11 × 6 = _____
19) 11 × 11 = _____
20) 48 ÷ 12 = _____
21) 60 ÷ 12 = _____
22) 36 ÷ 12 = _____
23) 12 ÷ 12 = _____
24) 7 × 11 = _____
25) 8 × 5 = _____
26) 144 ÷ 12 = _____
27) 6 × 3 = _____
28) 9 × 8 = _____
29) 60 ÷ 12 = _____
30) 9 × 4 = _____
31) 6 × 1 = _____
32) 12 ÷ 12 = _____
33) 24 ÷ 12 = _____
34) 84 ÷ 12 = _____
35) 36 ÷ 12 = _____
36) 4 × 11 = _____
37) 11 × 8 = _____
38) 1 × 6 = _____
39) 120 ÷ 12 = _____
40) 24 ÷ 12 = _____
41) 12 × 3 = _____
42) 7 × 2 = _____
43) 24 ÷ 12 = _____
44) 60 ÷ 12 = _____
45) 144 ÷ 12 = _____

Multiplying and Dividing 0-12: Part 6

Name: _____ Date: _____
Time: ____ : ____   Score: _____

1) 72 ÷ 12 = ____
2) 4 × 4 = ____
3) 6 × 4 = ____
4) 36 ÷ 12 = ____
5) 12 ÷ 12 = ____
6) 10 × 5 = ____
7) 132 ÷ 12 = ____
8) 11 × 5 = ____
9) 10 × 6 = ____
10) 24 ÷ 12 = ____
11) 5 × 6 = ____
12) 5 × 0 = ____
13) 96 ÷ 12 = ____
14) 108 ÷ 12 = ____
15) 120 ÷ 12 = ____
16) 2 × 7 = ____
17) 8 × 0 = ____
18) 11 × 1 = ____
19) 84 ÷ 12 = ____
20) 60 ÷ 12 = ____
21) 3 × 6 = ____
22) 144 ÷ 12 = ____
23) 48 ÷ 12 = ____
24) 11 × 9 = ____
25) 108 ÷ 12 = ____
26) 0 × 5 = ____
27) 60 ÷ 12 = ____
28) 132 ÷ 12 = ____
29) 10 × 9 = ____
30) 4 × 11 = ____
31) 1 × 4 = ____
32) 12 × 7 = ____
33) 7 × 11 = ____
34) 48 ÷ 12 = ____
35) 9 × 0 = ____
36) 36 ÷ 12 = ____
37) 120 ÷ 12 = ____
38) 6 × 9 = ____
39) 84 ÷ 12 = ____
40) 11 × 7 = ____
41) 7 × 1 = ____
42) 2 × 5 = ____
43) 108 ÷ 12 = ____
44) 60 ÷ 12 = ____
45) 48 ÷ 12 = ____

Multiplying and Dividing 0-12: Part 7

Name: _____ Date: _____

Time: _____ : _____ Score: _____

1) **8 × 11 =** _____
2) **60 ÷ 12 =** _____
3) **144 ÷ 12 =** _____

4) **12 ÷ 12 =** _____
5) **24 ÷ 12 =** _____
6) **5 × 3 =** _____

7) **84 ÷ 12 =** _____
8) **48 ÷ 12 =** _____
9) **1 × 0 =** _____

10) **10 × 12 =** _____
11) **10 × 7 =** _____
12) **11 × 9 =** _____

13) **3 × 12 =** _____
14) **7 × 4 =** _____
15) **120 ÷ 12 =** _____

16) **3 × 6 =** _____
17) **4 × 3 =** _____
18) **132 ÷ 12 =** _____

19) **36 ÷ 12 =** _____
20) **96 ÷ 12 =** _____
21) **6 × 5 =** _____

22) **108 ÷ 12 =** _____
23) **72 ÷ 12 =** _____
24) **72 ÷ 12 =** _____

25) **1 × 1 =** _____
26) **72 ÷ 12 =** _____
27) **144 ÷ 12 =** _____

28) **6 × 10 =** _____
29) **72 ÷ 12 =** _____
30) **120 ÷ 12 =** _____

31) **4 × 8 =** _____
32) **72 ÷ 12 =** _____
33) **6 × 3 =** _____

34) **4 × 9 =** _____
35) **108 ÷ 12 =** _____
36) **12 × 12 =** _____

37) **1 × 10 =** _____
38) **144 ÷ 12 =** _____
39) **3 × 5 =** _____

40) **108 ÷ 12 =** _____
41) **3 × 1 =** _____
42) **8 × 6 =** _____

43) **11 × 6 =** _____
44) **72 ÷ 12 =** _____
45) **11 × 1 =** _____

Multiplying and Dividing 0-12: Part 8

Name: _____ Date: _____
Time: _____ : _____ Score: _____

1) 48 ÷ 12 = _____
2) 10 × 11 = _____
3) 9 × 2 = _____
4) 0 × 1 = _____
5) 7 × 5 = _____
6) 9 × 1 = _____
7) 5 × 2 = _____
8) 120 ÷ 12 = _____
9) 11 × 2 = _____
10) 84 ÷ 12 = _____
11) 4 × 9 = _____
12) 132 ÷ 12 = _____
13) 96 ÷ 12 = _____
14) 108 ÷ 12 = _____
15) 24 ÷ 12 = _____
16) 60 ÷ 12 = _____
17) 72 ÷ 12 = _____
18) 9 × 8 = _____
19) 144 ÷ 12 = _____
20) 6 × 0 = _____
21) 1 × 2 = _____
22) 12 ÷ 12 = _____
23) 2 × 0 = _____
24) 4 × 12 = _____
25) 5 × 8 = _____
26) 12 × 12 = _____
27) 36 ÷ 12 = _____
28) 24 ÷ 12 = _____
29) 3 × 9 = _____
30) 7 × 9 = _____
31) 96 ÷ 12 = _____
32) 11 × 10 = _____
33) 132 ÷ 12 = _____
34) 36 ÷ 12 = _____
35) 96 ÷ 12 = _____
36) 6 × 5 = _____
37) 72 ÷ 12 = _____
38) 9 × 3 = _____
39) 6 × 2 = _____
40) 108 ÷ 12 = _____
41) 1 × 6 = _____
42) 11 × 1 = _____
43) 108 ÷ 12 = _____
44) 84 ÷ 12 = _____
45) 84 ÷ 12 = _____

Multiplying and Dividing 0-12: Part 9

Name: _____ Date: _____

Time: _____ : _____   Score: _____

1) 7 × 1 = _____
2) 132 ÷ 12 = _____
3) 84 ÷ 12 = _____
4) 10 × 10 = _____
5) 36 ÷ 12 = _____
6) 48 ÷ 12 = _____
7) 120 ÷ 12 = _____
8) 11 × 6 = _____
9) 8 × 1 = _____
10) 1 × 0 = _____
11) 12 ÷ 12 = _____
12) 6 × 4 = _____
13) 2 × 11 = _____
14) 144 ÷ 12 = _____
15) 60 ÷ 12 = _____
16) 10 × 11 = _____
17) 72 ÷ 12 = _____
18) 7 × 2 = _____
19) 96 ÷ 12 = _____
20) 24 ÷ 12 = _____
21) 4 × 7 = _____
22) 108 ÷ 12 = _____
23) 1 × 10 = _____
24) 11 × 4 = _____
25) 8 × 8 = _____
26) 108 ÷ 12 = _____
27) 7 × 8 = _____
28) 0 × 1 = _____
29) 72 ÷ 12 = _____
30) 2 × 6 = _____
31) 132 ÷ 12 = _____
32) 108 ÷ 12 = _____
33) 5 × 3 = _____
34) 120 ÷ 12 = _____
35) 7 × 3 = _____
36) 84 ÷ 12 = _____
37) 5 × 2 = _____
38) 36 ÷ 12 = _____
39) 11 × 10 = _____
40) 4 × 9 = _____
41) 12 × 1 = _____
42) 36 ÷ 12 = _____
43) 120 ÷ 12 = _____
44) 4 × 8 = _____
45) 96 ÷ 12 = _____

Multiplying and Dividing 0-12: Part 10

Name: _____ Date: _____
Time: :   Score: _____

1) 9 × 2 = _____
2) 8 × 9 = _____
3) 5 × 6 = _____
4) 144 ÷ 12 = _____
5) 108 ÷ 12 = _____
6) 10 × 9 = _____
7) 60 ÷ 12 = _____
8) 36 ÷ 12 = _____
9) 6 × 9 = _____
10) 12 ÷ 12 = _____
11) 6 × 1 = _____
12) 96 ÷ 12 = _____
13) 24 ÷ 12 = _____
14) 120 ÷ 12 = _____
15) 132 ÷ 12 = _____
16) 48 ÷ 12 = _____
17) 72 ÷ 12 = _____
18) 84 ÷ 12 = _____
19) 11 × 12 = _____
20) 11 × 11 = _____
21) 10 × 10 = _____
22) 6 × 10 = _____
23) 8 × 0 = _____
24) 48 ÷ 12 = _____
25) 48 ÷ 12 = _____
26) 60 ÷ 12 = _____
27) 8 × 8 = _____
28) 2 × 8 = _____
29) 9 × 8 = _____
30) 12 ÷ 12 = _____
31) 7 × 1 = _____
32) 36 ÷ 12 = _____
33) 108 ÷ 12 = _____
34) 12 ÷ 12 = _____
35) 132 ÷ 12 = _____
36) 8 × 6 = _____
37) 7 × 6 = _____
38) 6 × 2 = _____
39) 12 × 2 = _____
40) 10 × 2 = _____
41) 5 × 7 = _____
42) 5 × 8 = _____
43) 132 ÷ 12 = _____
44) 120 ÷ 12 = _____
45) 4 × 5 = _____

Multiplying and Dividing 0-12: Part 11

Name: _____ Date: _____

Time: _____ : _____   Score: _____

1) 48 ÷ 12 = _____
2) 11 × 5 = _____
3) 120 ÷ 12 = _____
4) 132 ÷ 12 = _____
5) 72 ÷ 12 = _____
6) 11 × 8 = _____
7) 36 ÷ 12 = _____
8) 2 × 0 = _____
9) 10 × 4 = _____
10) 8 × 7 = _____
11) 10 × 3 = _____
12) 4 × 1 = _____
13) 24 ÷ 12 = _____
14) 4 × 6 = _____
15) 108 ÷ 12 = _____
16) 96 ÷ 12 = _____
17) 60 ÷ 12 = _____
18) 5 × 9 = _____
19) 4 × 2 = _____
20) 6 × 12 = _____
21) 144 ÷ 12 = _____
22) 84 ÷ 12 = _____
23) 12 ÷ 12 = _____
24) 8 × 8 = _____
25) 1 × 7 = _____
26) 36 ÷ 12 = _____
27) 6 × 6 = _____
28) 84 ÷ 12 = _____
29) 48 ÷ 12 = _____
30) 2 × 9 = _____
31) 5 × 12 = _____
32) 4 × 9 = _____
33) 12 × 9 = _____
34) 84 ÷ 12 = _____
35) 8 × 5 = _____
36) 5 × 3 = _____
37) 84 ÷ 12 = _____
38) 96 ÷ 12 = _____
39) 9 × 5 = _____
40) 10 × 2 = _____
41) 120 ÷ 12 = _____
42) 7 × 8 = _____
43) 24 ÷ 12 = _____
44) 132 ÷ 12 = _____
45) 96 ÷ 12 = _____

Multiplying and Dividing 0-12: Part 12

Name: _____ Date: _____
Time: ___ : ___   Score: _____

1) **9 × 9 =** _____
2) **2 × 9 =** _____
3) **108 ÷ 12 =** _____
4) **132 ÷ 12 =** _____
5) **144 ÷ 12 =** _____
6) **24 ÷ 12 =** _____
7) **48 ÷ 12 =** _____
8) **12 × 12 =** _____
9) **9 × 5 =** _____
10) **4 × 10 =** _____
11) **10 × 2 =** _____
12) **5 × 4 =** _____
13) **72 ÷ 12 =** _____
14) **8 × 4 =** _____
15) **96 ÷ 12 =** _____
16) **10 × 4 =** _____
17) **12 ÷ 12 =** _____
18) **36 ÷ 12 =** _____
19) **5 × 3 =** _____
20) **8 × 9 =** _____
21) **120 ÷ 12 =** _____
22) **84 ÷ 12 =** _____
23) **2 × 0 =** _____
24) **60 ÷ 12 =** _____
25) **11 × 9 =** _____
26) **6 × 3 =** _____
27) **12 ÷ 12 =** _____
28) **3 × 9 =** _____
29) **84 ÷ 12 =** _____
30) **144 ÷ 12 =** _____
31) **108 ÷ 12 =** _____
32) **7 × 10 =** _____
33) **24 ÷ 12 =** _____
34) **5 × 5 =** _____
35) **12 ÷ 12 =** _____
36) **3 × 11 =** _____
37) **108 ÷ 12 =** _____
38) **11 × 4 =** _____
39) **7 × 7 =** _____
40) **108 ÷ 12 =** _____
41) **24 ÷ 12 =** _____
42) **132 ÷ 12 =** _____
43) **4 × 7 =** _____
44) **6 × 8 =** _____
45) **2 × 7 =** _____

Multiplying and Dividing 0-12: Part 13

Name: _____ Date: _____
Time: :   Score: _____

1) 132 ÷ 12 = ___
2) 8 × 11 = ___
3) 36 ÷ 12 = ___
4) 11 × 4 = ___
5) 9 × 1 = ___
6) 72 ÷ 12 = ___
7) 144 ÷ 12 = ___
8) 24 ÷ 12 = ___
9) 120 ÷ 12 = ___
10) 5 × 2 = ___
11) 60 ÷ 12 = ___
12) 9 × 3 = ___
13) 108 ÷ 12 = ___
14) 84 ÷ 12 = ___
15) 4 × 0 = ___
16) 48 ÷ 12 = ___
17) 12 ÷ 12 = ___
18) 5 × 5 = ___
19) 7 × 10 = ___
20) 96 ÷ 12 = ___
21) 132 ÷ 12 = ___
22) 4 × 2 = ___
23) 72 ÷ 12 = ___
24) 9 × 6 = ___
25) 84 ÷ 12 = ___
26) 8 × 1 = ___
27) 10 × 4 = ___
28) 108 ÷ 12 = ___
29) 11 × 5 = ___
30) 0 × 7 = ___
31) 108 ÷ 12 = ___
32) 60 ÷ 12 = ___
33) 2 × 12 = ___
34) 4 × 3 = ___
35) 120 ÷ 12 = ___
36) 4 × 1 = ___
37) 120 ÷ 12 = ___
38) 3 × 11 = ___
39) 5 × 9 = ___
40) 6 × 4 = ___
41) 10 × 5 = ___
42) 1 × 9 = ___
43) 7 × 7 = ___
44) 24 ÷ 12 = ___
45) 108 ÷ 12 = ___

Multiplying and Dividing 0-12: Part 14

Name: _____ Date: _____
Time: _____ : _____ Score: _____

1) 120 ÷ 12 = _____
2) 72 ÷ 12 = _____
3) 11 × 8 = _____
4) 60 ÷ 12 = _____
5) 12 ÷ 12 = _____
6) 8 × 12 = _____
7) 9 × 5 = _____
8) 0 × 9 = _____
9) 12 × 11 = _____
10) 7 × 10 = _____
11) 0 × 6 = _____
12) 4 × 4 = _____
13) 24 ÷ 12 = _____
14) 4 × 5 = _____
15) 48 ÷ 12 = _____
16) 96 ÷ 12 = _____
17) 1 × 11 = _____
18) 36 ÷ 12 = _____
19) 2 × 10 = _____
20) 7 × 5 = _____
21) 144 ÷ 12 = _____
22) 12 × 5 = _____
23) 5 × 7 = _____
24) 2 × 4 = _____
25) 84 ÷ 12 = _____
26) 108 ÷ 12 = _____
27) 132 ÷ 12 = _____
28) 12 × 6 = _____
29) 144 ÷ 12 = _____
30) 48 ÷ 12 = _____
31) 108 ÷ 12 = _____
32) 48 ÷ 12 = _____
33) 2 × 12 = _____
34) 11 × 4 = _____
35) 96 ÷ 12 = _____
36) 108 ÷ 12 = _____
37) 36 ÷ 12 = _____
38) 36 ÷ 12 = _____
39) 5 × 6 = _____
40) 5 × 12 = _____
41) 6 × 0 = _____
42) 120 ÷ 12 = _____
43) 4 × 1 = _____
44) 60 ÷ 12 = _____
45) 12 × 12 = _____

Multiplying and Dividing 0-12: Part 15

Name: _____ Date: _____
Time: _____ : _____ Score: _____

1) 2 × 9 = _____
2) 84 ÷ 12 = _____
3) 96 ÷ 12 = _____
4) 0 × 9 = _____
5) 7 × 8 = _____
6) 9 × 8 = _____
7) 3 × 9 = _____
8) 5 × 1 = _____
9) 120 ÷ 12 = _____
10) 2 × 11 = _____
11) 108 ÷ 12 = _____
12) 1 × 3 = _____
13) 10 × 4 = _____
14) 72 ÷ 12 = _____
15) 48 ÷ 12 = _____
16) 60 ÷ 12 = _____
17) 36 ÷ 12 = _____
18) 6 × 1 = _____
19) 24 ÷ 12 = _____
20) 11 × 5 = _____
21) 1 × 6 = _____
22) 12 ÷ 12 = _____
23) 132 ÷ 12 = _____
24) 144 ÷ 12 = _____
25) 7 × 9 = _____
26) 60 ÷ 12 = _____
27) 12 × 5 = _____
28) 8 × 3 = _____
29) 2 × 7 = _____
30) 132 ÷ 12 = _____
31) 84 ÷ 12 = _____
32) 48 ÷ 12 = _____
33) 36 ÷ 12 = _____
34) 36 ÷ 12 = _____
35) 132 ÷ 12 = _____
36) 120 ÷ 12 = _____
37) 4 × 8 = _____
38) 2 × 12 = _____
39) 1 × 8 = _____
40) 6 × 8 = _____
41) 5 × 10 = _____
42) 11 × 11 = _____
43) 3 × 11 = _____
44) 96 ÷ 12 = _____
45) 36 ÷ 12 = _____

Multiplying and Dividing 0-12: Part 16

Name: _____ Date: _____
Time: ___ : ___   Score: _____

1) 108 ÷ 12 = ____
2) 60 ÷ 12 = ____
3) 7 × 1 = ____
4) 11 × 1 = ____
5) 96 ÷ 12 = ____
6) 120 ÷ 12 = ____
7) 84 ÷ 12 = ____
8) 11 × 6 = ____
9) 72 ÷ 12 = ____
10) 6 × 0 = ____
11) 48 ÷ 12 = ____
12) 132 ÷ 12 = ____
13) 6 × 10 = ____
14) 12 ÷ 12 = ____
15) 24 ÷ 12 = ____
16) 144 ÷ 12 = ____
17) 36 ÷ 12 = ____
18) 6 × 2 = ____
19) 72 ÷ 12 = ____
20) 8 × 12 = ____
21) 0 × 0 = ____
22) 132 ÷ 12 = ____
23) 11 × 5 = ____
24) 11 × 9 = ____
25) 3 × 11 = ____
26) 108 ÷ 12 = ____
27) 8 × 6 = ____
28) 96 ÷ 12 = ____
29) 5 × 1 = ____
30) 3 × 12 = ____
31) 72 ÷ 12 = ____
32) 84 ÷ 12 = ____
33) 6 × 1 = ____
34) 2 × 2 = ____
35) 8 × 11 = ____
36) 12 × 6 = ____
37) 4 × 2 = ____
38) 144 ÷ 12 = ____
39) 7 × 9 = ____
40) 5 × 2 = ____
41) 9 × 11 = ____
42) 48 ÷ 12 = ____
43) 1 × 5 = ____
44) 72 ÷ 12 = ____
45) 48 ÷ 12 = ____

Multiplying and Dividing 0-12: Part 17

Name: _____ Date: _____

Time: _____ : _____ Score: _____

1) 7 × 4 = _____
2) 12 × 5 = _____
3) 1 × 8 = _____
4) 72 ÷ 12 = _____
5) 10 × 1 = _____
6) 84 ÷ 12 = _____
7) 12 ÷ 12 = _____
8) 3 × 0 = _____
9) 36 ÷ 12 = _____
10) 48 ÷ 12 = _____
11) 7 × 9 = _____
12) 3 × 1 = _____
13) 144 ÷ 12 = _____
14) 132 ÷ 12 = _____
15) 6 × 1 = _____
16) 96 ÷ 12 = _____
17) 0 × 10 = _____
18) 1 × 4 = _____
19) 120 ÷ 12 = _____
20) 5 × 7 = _____
21) 4 × 10 = _____
22) 6 × 7 = _____
23) 24 ÷ 12 = _____
24) 60 ÷ 12 = _____
25) 6 × 3 = _____
26) 10 × 9 = _____
27) 108 ÷ 12 = _____
28) 3 × 7 = _____
29) 24 ÷ 12 = _____
30) 96 ÷ 12 = _____
31) 60 ÷ 12 = _____
32) 60 ÷ 12 = _____
33) 6 × 5 = _____
34) 108 ÷ 12 = _____
35) 132 ÷ 12 = _____
36) 6 × 9 = _____
37) 2 × 4 = _____
38) 12 ÷ 12 = _____
39) 120 ÷ 12 = _____
40) 11 × 4 = _____
41) 9 × 4 = _____
42) 24 ÷ 12 = _____
43) 11 × 8 = _____
44) 5 × 2 = _____
45) 60 ÷ 12 = _____

Multiplying and Dividing 0-12: Part 18

Name: _____   Date: _____
Time: _____ : _____   Score: _____

1) 11 × 8 = _____
2) 108 ÷ 12 = _____
3) 24 ÷ 12 = _____
4) 12 × 8 = _____
5) 48 ÷ 12 = _____
6) 96 ÷ 12 = _____
7) 60 ÷ 12 = _____
8) 120 ÷ 12 = _____
9) 11 × 9 = _____
10) 132 ÷ 12 = _____
11) 1 × 11 = _____
12) 84 ÷ 12 = _____
13) 72 ÷ 12 = _____
14) 36 ÷ 12 = _____
15) 1 × 4 = _____
16) 12 ÷ 12 = _____
17) 1 × 5 = _____
18) 144 ÷ 12 = _____
19) 12 × 10 = _____
20) 8 × 6 = _____
21) 1 × 9 = _____
22) 10 × 8 = _____
23) 24 ÷ 12 = _____
24) 5 × 9 = _____
25) 9 × 4 = _____
26) 144 ÷ 12 = _____
27) 48 ÷ 12 = _____
28) 5 × 5 = _____
29) 24 ÷ 12 = _____
30) 144 ÷ 12 = _____
31) 132 ÷ 12 = _____
32) 3 × 9 = _____
33) 84 ÷ 12 = _____
34) 6 × 10 = _____
35) 12 × 4 = _____
36) 60 ÷ 12 = _____
37) 4 × 10 = _____
38) 7 × 12 = _____
39) 5 × 11 = _____
40) 8 × 5 = _____
41) 24 ÷ 12 = _____
42) 6 × 11 = _____
43) 132 ÷ 12 = _____
44) 1 × 7 = _____
45) 1 × 6 = _____

Multiplying and Dividing 0-12: Part 19

Name: _____ Date: _____
Time: ____ : ____   Score: _____

1) 2 × 10 = _____
2) 132 ÷ 12 = _____
3) 144 ÷ 12 = _____
4) 72 ÷ 12 = _____
5) 48 ÷ 12 = _____
6) 11 × 12 = _____
7) 108 ÷ 12 = _____
8) 10 × 9 = _____
9) 60 ÷ 12 = _____
10) 36 ÷ 12 = _____
11) 12 × 3 = _____
12) 84 ÷ 12 = _____
13) 4 × 7 = _____
14) 6 × 9 = _____
15) 24 ÷ 12 = _____
16) 9 × 5 = _____
17) 2 × 1 = _____
18) 8 × 8 = _____
19) 120 ÷ 12 = _____
20) 96 ÷ 12 = _____
21) 12 × 6 = _____
22) 12 ÷ 12 = _____
23) 11 × 5 = _____
24) 5 × 7 = _____
25) 72 ÷ 12 = _____
26) 3 × 8 = _____
27) 9 × 8 = _____
28) 6 × 5 = _____
29) 96 ÷ 12 = _____
30) 84 ÷ 12 = _____
31) 36 ÷ 12 = _____
32) 3 × 11 = _____
33) 7 × 7 = _____
34) 3 × 1 = _____
35) 48 ÷ 12 = _____
36) 8 × 10 = _____
37) 6 × 4 = _____
38) 6 × 11 = _____
39) 1 × 9 = _____
40) 12 ÷ 12 = _____
41) 108 ÷ 12 = _____
42) 11 × 2 = _____
43) 132 ÷ 12 = _____
44) 108 ÷ 12 = _____
45) 24 ÷ 12 = _____

91

Multiplying and Dividing 0-12: Part 20

Name: _____ Date: _____
Time: :   Score: _____

1) 10 × 1 = _____
2) 5 × 7 = _____
3) 3 × 12 = _____
4) 10 × 10 = _____
5) 84 ÷ 12 = _____
6) 132 ÷ 12 = _____
7) 5 × 6 = _____
8) 24 ÷ 12 = _____
9) 4 × 2 = _____
10) 144 ÷ 12 = _____
11) 4 × 10 = _____
12) 120 ÷ 12 = _____
13) 11 × 2 = _____
14) 60 ÷ 12 = _____
15) 12 ÷ 12 = _____
16) 10 × 2 = _____
17) 11 × 7 = _____
18) 12 × 9 = _____
19) 96 ÷ 12 = _____
20) 48 ÷ 12 = _____
21) 36 ÷ 12 = _____
22) 108 ÷ 12 = _____
23) 6 × 5 = _____
24) 8 × 4 = _____
25) 4 × 3 = _____
26) 72 ÷ 12 = _____
27) 11 × 5 = _____
28) 132 ÷ 12 = _____
29) 2 × 7 = _____
30) 108 ÷ 12 = _____
31) 9 × 6 = _____
32) 48 ÷ 12 = _____
33) 9 × 10 = _____
34) 144 ÷ 12 = _____
35) 9 × 4 = _____
36) 7 × 4 = _____
37) 60 ÷ 12 = _____
38) 7 × 5 = _____
39) 120 ÷ 12 = _____
40) 6 × 12 = _____
41) 24 ÷ 12 = _____
42) 96 ÷ 12 = _____
43) 9 × 8 = _____
44) 72 ÷ 12 = _____
45) 132 ÷ 12 = _____

Answers

Page 1: Multiplying by 1: Part 1
1. 5   2. 11   3. 8   4. 2   5. 7   6. 4   7. 6   8. 9   9. 3   10. 1   11. 12   12. 10   13. 6   14. 0
15. 1   16. 4   17. 10   18. 5   19. 0   20. 10   21. 10   22. 6   23. 1   24. 2   25. 0   26. 6   27. 7   28. 1
29. 7   30. 10   31. 5   32. 4   33. 5   34. 10   35. 8   36. 8   37. 5   38. 5   39. 7   40. 2

Page 2: Multiplying by 1: Part 2
1. 6   2. 2   3. 4   4. 5   5. 8   6. 3   7. 11   8. 9   9. 7   10. 1   11. 10   12. 12   13. 0   14. 6
15. 11   16. 0   17. 0   18. 2   19. 4   20. 11   21. 3   22. 9   23. 10   24. 6   25. 9   26. 4   27. 8   28. 2
29. 7   30. 10

Page 3: Multiplying by 1: Part 3
1. 2   2. 7   3. 0   4. 9   5. 3   6. 8   7. 5   8. 11   9. 6   10. 1   11. 4   12. 12   13. 10   14. 4
15. 8   16. 11   17. 10   18. 5   19. 9   20. 3   21. 5   22. 4   23. 10   24. 1   25. 10   26. 6   27. 8   28. 2
29. 9   30. 4   31. 5   32. 7   33. 4   34. 0   35. 3   36. 10   37. 10   38. 8   39. 10   40. 7

Page 4: Dividing by 1: Part 1
1. 4   2. 11   3. 12   4. 3   5. 10   6. 5   7. 1   8. 8   9. 9   10. 2   11. 7   12. 6   13. 10   14. 4
15. 12   16. 10   17. 5   18. 7   19. 4   20. 9   21. 9   22. 4   23. 8   24. 4   25. 3   26. 6   27. 10   28. 1
29. 4   30. 4

Page 5: Dividing by 1: Part 2
1. 6   2. 8   3. 5   4. 9   5. 10   6. 11   7. 3   8. 12   9. 1   10. 7   11. 4   12. 2   13. 5   14. 5
15. 2   16. 2   17. 2   18. 2   19. 10   20. 5   21. 4   22. 3   23. 2   24. 6   25. 6   26. 7   27. 4   28. 12
29. 9   30. 10

Page 6: Dividing by 1: Part 3
1. 6   2. 8   3. 3   4. 7   5. 12   6. 1   7. 10   8. 4   9. 9   10. 11   11. 2   12. 5   13. 4   14. 7
15. 7   16. 3   17. 4   18. 10   19. 5   20. 6   21. 11   22. 2   23. 7   24. 10   25. 8   26. 3   27. 10   28. 3
29. 5   30. 5

Page 7: Multiplying by 2: Part 1
1. 8   2. 12   3. 6   4. 14   5. 10   6. 16   7. 20   8. 24   9. 18   10. 2   11. 22   12. 4   13. 0   14. 18
15. 22   16. 2   17. 14   18. 14   19. 12   20. 16   21. 10   22. 22   23. 14   24. 2   25. 18   26. 14   27. 6   28. 2
29. 10   30. 6   31. 8   32. 4   33. 20   34. 4   35. 16   36. 14   37. 22   38. 14   39. 4   40. 20

Page 8: Multiplying by 2: Part 2
1. 14   2. 8   3. 0   4. 2   5. 18   6. 6   7. 16   8. 12   9. 10   10. 4   11. 20   12. 22   13. 0   14. 24
15. 6   16. 2   17. 4   18. 6   19. 18   20. 16   21. 18   22. 6   23. 14   24. 14   25. 6   26. 4   27. 8   28. 20
29. 2   30. 6

Page 9: Multiplying by 2: Part 3
1. 22   2. 0   3. 14   4. 20   5. 8   6. 16   7. 2   8. 10   9. 6   10. 4   11. 24   12. 12   13. 18   14. 12
15. 2   16. 2   17. 18   18. 8   19. 20   20. 18   21. 18   22. 22   23. 2   24. 24   25. 18   26. 20   27. 22   28. 14

29. 6 30. 0 31. 0 32. 18 33. 18 34. 20 35. 6 36. 16 37. 2 38. 10 39. 2 40. 8

Page 10: Dividing by 2: Part 1
1. 9 2. 8 3. 12 4. 6 5. 1 6. 11 7. 7 8. 10 9. 4 10. 2 11. 5 12. 3 13. 11 14. 4
15. 1 16. 1 17. 11 18. 10 19. 6 20. 4 21. 11 22. 3 23. 8 24. 7 25. 2 26. 9 27. 1 28. 12
29. 5 30. 9

Page 11: Dividing by 2: Part 2
1. 2 2. 3 3. 8 4. 9 5. 6 6. 12 7. 11 8. 4 9. 10 10. 7 11. 5 12. 1 13. 9 14. 4
15. 2 16. 2 17. 9 18. 6 19. 10 20. 7 21. 12 22. 8 23. 10 24. 5 25. 10 26. 8 27. 4 28. 7
29. 7 30. 7

Page 12: Dividing by 2: Part 3
1. 8 2. 2 3. 5 4. 7 5. 9 6. 11 7. 6 8. 3 9. 10 10. 1 11. 12 12. 4 13. 11 14. 7
15. 3 16. 5 17. 12 18. 3 19. 7 20. 10 21. 9 22. 3 23. 7 24. 12 25. 9 26. 5 27. 6 28. 1
29. 6 30. 11

Page 13: Multiplying by 3: Part 1
1. 33 2. 36 3. 3 4. 30 5. 6 6. 0 7. 9 8. 18 9. 21 10. 27 11. 15 12. 24 13. 12 14. 12
15. 12 16. 24 17. 27 18. 9 19. 24 20. 3 21. 27 22. 27 23. 36 24. 18 25. 9 26. 27 27. 24 28. 15
29. 33 30. 21 31. 24 32. 24 33. 15 34. 18 35. 0 36. 9 37. 3 38. 12 39. 33 40. 33

Page 14: Multiplying by 3: Part 2
1. 12 2. 24 3. 21 4. 0 5. 33 6. 15 7. 30 8. 6 9. 36 10. 9 11. 27 12. 18 13. 3 14. 30
15. 33 16. 3 17. 33 18. 3 19. 30 20. 9 21. 15 22. 15 23. 33 24. 33 25. 30 26. 0 27. 3 28. 3
29. 15 30. 12

Page 15: Multiplying by 3: Part 3
1. 18 2. 30 3. 3 4. 15 5. 12 6. 33 7. 27 8. 24 9. 21 10. 9 11. 0 12. 6 13. 36 14. 12
15. 33 16. 24 17. 24 18. 21 19. 18 20. 6 21. 6 22. 15 23. 24 24. 3 25. 30 26. 6 27. 12 28. 0
29. 36 30. 12 31. 30 32. 6 33. 3 34. 3 35. 36 36. 9 37. 15 38. 15 39. 27 40. 30

Page 16: Dividing by 3: Part 1
1. 6 2. 9 3. 4 4. 8 5. 5 6. 11 7. 3 8. 2 9. 10 10. 12 11. 1 12. 7 13. 9 14. 11
15. 5 16. 10 17. 7 18. 9 19. 4 20. 9 21. 8 22. 12 23. 1 24. 4 25. 9 26. 4 27. 3 28. 1
29. 9 30. 11

Page 17: Dividing by 3: Part 2
1. 5 2. 11 3. 4 4. 8 5. 9 6. 12 7. 1 8. 7 9. 6 10. 3 11. 10 12. 2 13. 12 14. 8
15. 10 16. 9 17. 4 18. 8 19. 1 20. 12 21. 12 22. 3 23. 1 24. 11 25. 1 26. 5 27. 8 28. 7
29. 11 30. 12

Page 18: Dividing by 3: Part 3
1. 2 2. 10 3. 11 4. 12 5. 6 6. 8 7. 1 8. 3 9. 4 10. 5 11. 7 12. 9 13. 9 14. 10
15. 6 16. 10 17. 6 18. 6 19. 11 20. 5 21. 9 22. 2 23. 4 24. 10 25. 1 26. 10 27. 6 28. 10
29. 7 30. 9

Page 19: Multiplying by 4: Part 1
1. 4 2. 48 3. 44 4. 28 5. 32 6. 16 7. 36 8. 40 9. 12 10. 8 11. 20 12. 24 13. 0 14. 28
15. 16 16. 16 17. 16 18. 8 19. 28 20. 36 21. 12 22. 20 23. 16 24. 28 25. 12 26. 28 27. 0 28. 12
29. 40 30. 12 31. 28 32. 36 33. 24 34. 44 35. 12 36. 24 37. 28 38. 48 39. 48 40. 8

Page 20: Multiplying by 4: Part 2
1. 4 2. 12 3. 48 4. 36 5. 32 6. 40 7. 28 8. 8 9. 24 10. 44 11. 16 12. 0 13. 20 14. 16
15. 32 16. 28 17. 20 18. 44 19. 32 20. 4 21. 0 22. 24 23. 8 24. 12 25. 16 26. 0 27. 4 28. 4
29. 8 30. 32

Page 21: Multiplying by 4: Part 3
1. 12 2. 28 3. 20 4. 8 5. 44 6. 16 7. 36 8. 48 9. 24 10. 40 11. 0 12. 4 13. 32 14. 12
15. 28 16. 24 17. 20 18. 8 19. 32 20. 28 21. 48 22. 4 23. 44 24. 8 25. 44 26. 16 27. 24 28. 8
29. 32 30. 4 31. 44 32. 24 33. 4 34. 40 35. 32 36. 16 37. 16 38. 28 39. 12 40. 20

Page 22: Dividing by 4: Part 1
1. 1 2. 7 3. 6 4. 5 5. 9 6. 8 7. 2 8. 11 9. 3 10. 10 11. 12 12. 4 13. 2 14. 6
15. 8 16. 5 17. 7 18. 11 19. 5 20. 6 21. 4 22. 11 23. 2 24. 4 25. 3 26. 3 27. 7 28. 7
29. 10 30. 2

Page 23: Dividing by 4: Part 2
1. 7 2. 12 3. 5 4. 10 5. 8 6. 4 7. 6 8. 2 9. 1 10. 9 11. 11 12. 3 13. 4 14. 4 15. 2
16. 6 17. 4 18. 1 19. 2 20. 7 21. 6 22. 2 23. 5 24. 7 25. 1 26. 5 27. 2 28. 6 29. 7 30. 6

Page 24: Dividing by 4: Part 3
1. 6 2. 10 3. 11 4. 2 5. 8 6. 1 7. 9 8. 4 9. 5 10. 3 11. 12 12. 7 13. 8 14. 10
15. 4 16. 4 17. 9 18. 4 19. 10 20. 9 21. 1 22. 11 23. 3 24. 9 25. 12 26. 8 27. 3 28. 5
29. 4 30. 12

Page 25: Multiplying by 5: Part 1
1. 20 2. 5 3. 35 4. 25 5. 55 6. 40 7. 45 8. 50 9. 15 10. 10 11. 30 12. 0 13. 60 14. 0
15. 5 16. 50 17. 10 18. 55 19. 60 20. 10 21. 25 22. 10 23. 5 24. 35 25. 45 26. 30 27. 60 28. 55
29. 40 30. 20 31. 25 32. 50 33. 55 34. 10 35. 0 36. 25 37. 35 38. 50 39. 15 40. 50

Page 26: Multiplying by 5: Part 2
1. 15 2. 60 3. 0 4. 50 5. 10 6. 5 7. 55 8. 20 9. 45 10. 30 11. 25 12. 40 13. 35 14. 45
15. 45 16. 60 17. 25 18. 45 19. 30 20. 10 21. 15 22. 50 23. 10 24. 30 25. 25 26. 25 27. 35 28. 5
29. 30 30. 25

Page 27: Multiplying by 5: Part 3
1. 45 2. 30 3. 25 4. 50 5. 5 6. 20 7. 60 8. 35 9. 40 10. 15 11. 10 12. 55 13. 0 14. 45
15. 25 16. 60 17. 15 18. 25 19. 10 20. 10 21. 0 22. 45 23. 30 24. 15 25. 25 26. 45 27. 50 28. 35
29. 55 30. 40 31. 60 32. 35 33. 25 34. 35 35. 30 36. 45 37. 40 38. 30 39. 5 40. 50

Page 28: Dividing by 5: Part 1
1. 8 2. 2 3. 10 4. 5 5. 9 6. 4 7. 6 8. 3 9. 12 10. 1 11. 7 12. 11 13. 2 14. 3

15. 7   16. 12   17. 6   18. 10   19. 4   20. 1   21. 7   22. 9   23. 7   24. 11   25. 6   26. 11   27. 6   28. 1
29. 3   30. 11

Page 29: Dividing by 5: Part 2
1. 10   2. 7   3. 6   4. 11   5. 1   6. 5   7. 3   8. 9   9. 8   10. 12   11. 2   12. 4   13. 4   14. 7
15. 6   16. 5   17. 9   18. 8   19. 2   20. 5   21. 3   22. 2   23. 4   24. 1   25. 7   26. 5   27. 12   28. 9
29. 10   30. 2

Page 30: Dividing by 5: Part 3
1. 9   2. 3   3. 7   4. 5   5. 4   6. 2   7. 8   8. 10   9. 1   10. 11   11. 6   12. 12   13. 2   14. 3
15. 8   16. 2   17. 5   18. 3   19. 5   20. 8   21. 5   22. 11   23. 3   24. 7   25. 2   26. 6   27. 3   28. 8
29. 11   30. 5

Page 31: Multiplying by 6: Part 1
1. 6   2. 12   3. 42   4. 60   5. 48   6. 66   7. 36   8. 0   9. 18   10. 72   11. 54   12. 30   13. 24   14. 12
15. 60   16. 6   17. 0   18. 66   19. 48   20. 6   21. 66   22. 42   23. 18   24. 48   25. 66   26. 48   27. 48   28. 6
29. 12   30. 54   31. 66   32. 30   33. 0   34. 54   35. 54   36. 54   37. 42   38. 24   39. 18   40. 36

Page 32: Multiplying by 6: Part 2
1. 36   2. 12   3. 66   4. 18   5. 54   6. 30   7. 6   8. 42   9. 24   10. 60   11. 0   12. 48   13. 72   14. 6
15. 48   16. 60   17. 30   18. 66   19. 42   20. 24   21. 48   22. 36   23. 60   24. 54   25. 0   26. 72   27. 30   28. 36
29. 66   30. 42

Page 33: Multiplying by 6: Part 3
1. 6   2. 48   3. 66   4. 36   5. 60   6. 0   7. 30   8. 18   9. 72   10. 54   11. 12   12. 24   13. 42   14. 36
15. 60   16. 12   17. 60   18. 54   19. 6   20. 60   21. 36   22. 18   23. 60   24. 30   25. 72   26. 30   27. 36   28. 6
29. 66   30. 48   31. 24   32. 66   33. 66   34. 48   35. 48   36. 42   37. 60   38. 54   39. 6   40. 48

Page 34: Dividing by 6: Part 1
1. 11   2. 10   3. 8   4. 4   5. 5   6. 9   7. 3   8. 7   9. 6   10. 2   11. 1   12. 12   13. 12   14. 7
15. 3   16. 3   17. 10   18. 5   19. 2   20. 8   21. 7   22. 8   23. 11   24. 5   25. 11   26. 11   27. 9   28. 5
29. 6   30. 3

Page 35: Dividing by 6: Part 2
1. 6   2. 4   3. 10   4. 3   5. 2   6. 5   7. 8   8. 11   9. 7   10. 9   11. 12   12. 1   13. 6   14. 12
15. 6   16. 7   17. 3   18. 8   19. 11   20. 7   21. 5   22. 2   23. 1   24. 9   25. 7   26. 3   27. 2   28. 8
29. 11   30. 11

Page 36: Dividing by 6: Part 3
1. 10   2. 9   3. 3   4. 5   5. 7   6. 12   7. 4   8. 6   9. 11   10. 8   11. 2   12. 1   13. 5   14. 3
15. 4   16. 9   17. 9   18. 12   19. 7   20. 9   21. 12   22. 3   23. 7   24. 2   25. 6   26. 5   27. 5   28. 2
29. 4   30. 2

Page 37: Multiplying by 7: Part 1
1. 7   2. 70   3. 21   4. 84   5. 42   6. 56   7. 49   8. 14   9. 28   10. 63   11. 77   12. 0   13. 35   14. 63
15. 70   16. 56   17. 21   18. 56   19. 7   20. 35   21. 56   22. 21   23. 21   24. 28   25. 77   26. 7   27. 7   28. 70

29. 7　　30. 63　　31. 49　　32. 28　　33. 14　　34. 56　　35. 70　　36. 42　　37. 84　　38. 28　　39. 0　　40. 77

Page 38:　Multiplying by 7: Part 2

1. 14　　2. 56　　3. 49　　4. 21　　5. 63　　6. 35　　7. 7　　8. 70　　9. 42　　10. 84　　11. 28　　12. 77　　13. 0　　14. 14
15. 63　　16. 63　　17. 56　　18. 21　　19. 77　　20. 77　　21. 42　　22. 35　　23. 28　　24. 42　　25. 14　　26. 28　　27. 49　　28. 42
29. 7　　30. 77

Page 39:　Multiplying by 7: Part 3

1. 35　　2. 42　　3. 77　　4. 28　　5. 49　　6. 14　　7. 70　　8. 7　　9. 21　　10. 63　　11. 56　　12. 0　　13. 84　　14. 35
15. 70　　16. 35　　17. 77　　18. 42　　19. 49　　20. 70　　21. 28　　22. 49　　23. 70　　24. 42　　25. 21　　26. 70　　27. 14　　28. 35
29. 77　　30. 14　　31. 56　　32. 63　　33. 35　　34. 14　　35. 14　　36. 14　　37. 49　　38. 49　　39. 49　　40. 77

Page 40:　Dividing by 7: Part 1

1. 7　　2. 6　　3. 9　　4. 12　　5. 3　　6. 1　　7. 4　　8. 2　　9. 11　　10. 10　　11. 8　　12. 5　　13. 6　　14. 9
15. 7　　16. 8　　17. 12　　18. 12　　19. 2　　20. 5　　21. 11　　22. 8　　23. 8　　24. 6　　25. 2　　26. 8　　27. 11　　28. 5
29. 6　　30. 9

Page 41:　Dividing by 7: Part 2

1. 8　　2. 1　　3. 11　　4. 12　　5. 5　　6. 9　　7. 7　　8. 4　　9. 6　　10. 2　　11. 3　　12. 10　　13. 5　　14. 7
15. 10　　16. 5　　17. 9　　18. 6　　19. 7　　20. 3　　21. 5　　22. 12　　23. 12　　24. 6　　25. 10　　26. 11　　27. 7　　28. 3
29. 5　　30. 7

Page 42:　Dividing by 7: Part 3

1. 3　　2. 6　　3. 7　　4. 2　　5. 8　　6. 10　　7. 9　　8. 12　　9. 4　　10. 11　　11. 5　　12. 1　　13. 7　　14. 6
15. 8　　16. 2　　17. 9　　18. 3　　19. 7　　20. 9　　21. 2　　22. 2　　23. 10　　24. 2　　25. 9　　26. 7　　27. 10　　28. 8
29. 5　　30. 3

Page 43:　Multiplying by 8: Part 1

1. 32　　2. 88　　3. 16　　4. 24　　5. 56　　6. 80　　7. 48　　8. 40　　9. 72　　10. 8　　11. 64　　12. 0　　13. 32　　14. 96
15. 48　　16. 48　　17. 72　　18. 16　　19. 56　　20. 16　　21. 88　　22. 88　　23. 40　　24. 72　　25. 80　　26. 8　　27. 80　　28. 72
29. 0　　30. 8　　31. 16　　32. 48　　33. 56　　34. 80　　35. 56　　36. 8　　37. 40　　38. 72　　39. 24　　40. 0

Page 44:　Multiplying by 8: Part 2

1. 56　　2. 48　　3. 24　　4. 64　　5. 80　　6. 40　　7. 72　　8. 96　　9. 16　　10. 8　　11. 88　　12. 0　　13. 32　　14. 32
15. 32　　16. 72　　17. 16　　18. 32　　19. 80　　20. 80　　21. 24　　22. 56　　23. 24　　24. 80　　25. 32　　26. 72　　27. 80　　28. 32
29. 56　　30. 48

Page 45:　Multiplying by 8: Part 3

1. 56　　2. 16　　3. 88　　4. 64　　5. 24　　6. 8　　7. 40　　8. 72　　9. 80　　10. 0　　11. 48　　12. 96　　13. 32　　14. 0
15. 72　　16. 32　　17. 64　　18. 80　　19. 80　　20. 96　　21. 32　　22. 24　　23. 72　　24. 88　　25. 64　　26. 48　　27. 56　　28. 88
29. 96　　30. 8　　31. 24　　32. 16　　33. 40　　34. 0　　35. 56　　36. 8　　37. 40　　38. 56　　39. 80　　40. 16

Page 46:　Dividing by 8: Part 1

1. 8　　2. 12　　3. 4　　4. 5　　5. 1　　6. 7　　7. 6　　8. 11　　9. 3　　10. 10　　11. 9　　12. 2　　13. 6　　14. 7
15. 5　　16. 1　　17. 7　　18. 6　　19. 4　　20. 8　　21. 3　　22. 1　　23. 11　　24. 9　　25. 3　　26. 6　　27. 3　　28. 4
29. 6　　30. 7

Page 47: Dividing by 8: Part 2

1. 10   2. 4   3. 8   4. 6   5. 5   6. 7   7. 3   8. 12   9. 2   10. 11   11. 1   12. 9   13. 3   14. 10
15. 2   16. 4   17. 11   18. 11   19. 10   20. 7   21. 10   22. 3   23. 7   24. 11   25. 9   26. 10   27. 12   28. 10
29. 9   30. 6

Page 48: Dividing by 8: Part 3

1. 12   2. 3   3. 5   4. 7   5. 11   6. 6   7. 8   8. 2   9. 10   10. 4   11. 9   12. 1   13. 8   14. 8
15. 3   16. 7   17. 8   18. 5   19. 7   20. 5   21. 3   22. 8   23. 12   24. 3   25. 5   26. 11   27. 5   28. 10
29. 5   30. 4

Page 49: Multiplying by 9: Part 1

1. 18   2. 63   3. 81   4. 54   5. 99   6. 45   7. 72   8. 90   9. 36   10. 27   11. 0   12. 9
13. 108   14. 0   15. 45   16. 108   17. 81   18. 54   19. 99   20. 36   21. 90   22. 18   23. 27   24. 9
25. 9   26. 108   27. 72   28. 18   29. 108   30. 9   31. 108   32. 27   33. 108   34. 99   35. 81   36. 72
37. 0   38. 99   39. 9   40. 90

Page 50: Multiplying by 9: Part 2

1. 90   2. 54   3. 36   4. 9   5. 108   6. 18   7. 99   8. 27   9. 72   10. 81   11. 45   12. 63
13. 0   14. 45   15. 0   16. 90   17. 63   18. 36   19. 108   20. 63   21. 9   22. 81   23. 27   24. 99
25. 18   26. 27   27. 99   28. 90   29. 72   30. 45

Page 51: Multiplying by 9: Part 3

1. 99   2. 36   3. 81   4. 90   5. 18   6. 0   7. 9   8. 72   9. 63   10. 54   11. 27   12. 45
13. 63   14. 108   15. 99   16. 81   17. 36   18. 99   19. 9   20. 0   21. 99   22. 81   23. 9   24. 54
25. 9   26. 45   27. 81   28. 108   29. 27   30. 18   31. 18   32. 63   33. 54   34. 108   35. 72   36. 45
37. 63   38. 36   39. 99   40. 108

Page 52: Dividing by 9: Part 1

1. 10   2. 8   3. 1   4. 6   5. 11   6. 2   7. 4   8. 5   9. 3   10. 7   11. 9   12. 12   13. 5   14. 7
15. 2   16. 2   17. 1   18. 7   19. 6   20. 10   21. 3   22. 9   23. 2   24. 2   25. 6   26. 5   27. 6   28. 2
29. 3   30. 4

Page 53: Dividing by 9: Part 2

1. 7   2. 5   3. 3   4. 6   5. 10   6. 11   7. 8   8. 2   9. 1   10. 4   11. 9   12. 12   13. 7   14. 8
15. 11   16. 8   17. 9   18. 12   19. 5   20. 11   21. 2   22. 9   23. 6   24. 7   25. 4   26. 11   27. 5   28. 12
29. 9   30. 8

Page 54: Dividing by 9: Part 3

1. 3   2. 12   3. 7   4. 6   5. 2   6. 9   7. 5   8. 8   9. 4   10. 11   11. 1   12. 10   13. 10   14. 8
15. 3   16. 8   17. 10   18. 5   19. 4   20. 1   21. 4   22. 8   23. 7   24. 4   25. 6   26. 2   27. 3   28. 8
29. 5   30. 6

Page 55: Multiplying by 10: Part 1

1. 20   2. 40   3. 10   4. 80   5. 50   6. 110   7. 60   8. 70   9. 100   10. 0   11. 90   12. 30
13. 120   14. 10   15. 110   16. 10   17. 20   18. 10   19. 50   20. 50   21. 70   22. 0   23. 40   24. 110

25. 10   26. 110   27. 0   28. 60   29. 50   30. 40   31. 100   32. 70   33. 40   34. 50   35. 90   36. 30
37. 90   38. 50   39. 20   40. 100

Page 56: Multiplying by 10: Part 2
1. 60   2. 90   3. 80   4. 110   5. 20   6. 50   7. 40   8. 30   9. 100   10. 0   11. 10   12. 70
13. 120   14. 20   15. 20   16. 100   17. 100   18. 50   19. 100   20. 100   21. 90   22. 60   23. 100   24. 90
25. 10   26. 80   27. 60   28. 110   29. 80   30. 20

Page 57: Multiplying by 10: Part 3
1. 40   2. 110   3. 30   4. 10   5. 120   6. 90   7. 60   8. 100   9. 20   10. 0   11. 50   12. 70
13. 80   14. 60   15. 100   16. 20   17. 30   18. 20   19. 90   20. 120   21. 110   22. 60   23. 80   24. 30
25. 0   26. 70   27. 90   28. 50   29. 110   30. 40   31. 50   32. 50   33. 80   34. 120   35. 20   36. 30
37. 30   38. 110   39. 80   40. 70

Page 58: Dividing by 10: Part 1
1. 2   2. 3   3. 11   4. 10   5. 7   6. 9   7. 8   8. 6   9. 12   10. 1   11. 5   12. 4   13. 7   14. 3
15. 1   16. 8   17. 9   18. 5   19. 6   20. 11   21. 11   22. 5   23. 10   24. 9   25. 7   26. 7   27. 1   28. 2
29. 10   30. 11

Page 59: Dividing by 10: Part 2
1. 11   2. 2   3. 4   4. 10   5. 5   6. 6   7. 8   8. 9   9. 7   10. 1   11. 12   12. 3   13. 5   14. 4
15. 9   16. 2   17. 12   18. 4   19. 7   20. 8   21. 12   22. 5   23. 9   24. 2   25. 6   26. 9   27. 4   28. 6
29. 9   30. 3

Page 60: Dividing by 10: Part 3
1. 2   2. 4   3. 6   4. 5   5. 8   6. 11   7. 9   8. 7   9. 3   10. 10   11. 1   12. 12   13. 4   14. 5
15. 7   16. 3   17. 9   18. 11   19. 4   20. 4   21. 10   22. 12   23. 10   24. 5   25. 9   26. 4   27. 7   28. 4
29. 10   30. 6

Page 61: Multiplying by 11: Part 1
1. 77   2. 110   3. 11   4. 0   5. 88   6. 66   7. 55   8. 99   9. 132   10. 22   11. 121   12. 33
13. 44   14. 44   15. 88   16. 99   17. 121   18. 44   19. 55   20. 121   21. 121   22. 11   23. 121   24. 77
25. 55   26. 88   27. 110   28. 110   29. 88   30. 99   31. 44   32. 110   33. 99   34. 110   35. 66   36. 44
37. 66   38. 44   39. 44   40. 132

Page 62: Multiplying by 11: Part 2
1. 55   2. 99   3. 44   4. 66   5. 0   6. 121   7. 77   8. 110   9. 11   10. 33   11. 22   12. 132
13. 88   14. 33   15. 110   16. 66   17. 99   18. 44   19. 11   20. 11   21. 121   22. 0   23. 22   24. 121
25. 11   26. 66   27. 88   28. 55   29. 99   30. 55

Page 63: Multiplying by 11: Part 3
1. 99   2. 22   3. 110   4. 121   5. 132   6. 88   7. 77   8. 66   9. 55   10. 33   11. 44   12. 11
13. 0   14. 99   15. 33   16. 22   17. 11   18. 77   19. 121   20. 33   21. 0   22. 99   23. 121   24. 88
25. 0   26. 66   27. 110   28. 88   29. 22   30. 0   31. 121   32. 121   33. 11   34. 44   35. 132   36. 77
37. 132   38. 33   39. 66   40. 55

Page 64: Dividing by 11: Part 1

1. 11   2. 10   3. 4   4. 5   5. 1   6. 8   7. 2   8. 3   9. 6   10. 7   11. 9   12. 12   13. 11   14. 5
15. 5   16. 6   17. 12   18. 10   19. 8   20. 6   21. 7   22. 9   23. 12   24. 4   25. 2   26. 8   27. 2   28. 8
29. 7   30. 6

Page 65: Dividing by 11: Part 2

1. 8   2. 9   3. 2   4. 1   5. 12   6. 7   7. 4   8. 3   9. 10   10. 6   11. 5   12. 11   13. 11   14. 5
15. 9   16. 10   17. 3   18. 6   19. 10   20. 8   21. 9   22. 6   23. 5   24. 3   25. 1   26. 5   27. 3   28. 12
29. 11   30. 1

Page 66: Dividing by 11: Part 3

1. 2   2. 8   3. 9   4. 5   5. 4   6. 10   7. 11   8. 6   9. 12   10. 3   11. 1   12. 7   13. 4   14. 2
15. 8   16. 12   17. 5   18. 9   19. 5   20. 7   21. 8   22. 6   23. 12   24. 4   25. 4   26. 9   27. 2   28. 3
29. 4   30. 3

Page 67: Multiplying by 12: Part 1

1. 72   2. 144   3. 48   4. 96   5. 0   6. 60   7. 24   8. 12   9. 108   10. 84   11. 132   12. 36
13. 120   14. 120   15. 60   16. 60   17. 36   18. 108   19. 48   20. 96   21. 144   22. 12   23. 84   24. 48
25. 144   26. 60   27. 120   28. 144   29. 60   30. 132   31. 60   32. 132   33. 144   34. 36   35. 132   36. 132
37. 48   38. 96   39. 48   40. 84

Page 68: Multiplying by 12: Part 2

1. 132   2. 96   3. 120   4. 24   5. 12   6. 72   7. 0   8. 48   9. 144   10. 60   11. 108   12. 36
13. 84   14. 60   15. 144   16. 12   17. 120   18. 96   19. 24   20. 108   21. 60   22. 132   23. 84   24. 12
25. 144   26. 12   27. 12   28. 84   29. 60   30. 24

Page 69: Multiplying by 12: Part 3

1. 84   2. 120   3. 144   4. 72   5. 48   6. 0   7. 24   8. 12   9. 132   10. 36   11. 96   12. 108
13. 60   14. 108   15. 144   16. 132   17. 132   18. 96   19. 96   20. 24   21. 0   22. 60   23. 108   24. 144
25. 72   26. 48   27. 132   28. 84   29. 120   30. 36   31. 72   32. 12   33. 60   34. 120   35. 12   36. 72
37. 0   38. 36   39. 72   40. 12

Page 70: Dividing by 12: Part 1

1. 4   2. 10   3. 3   4. 7   5. 11   6. 6   7. 8   8. 5   9. 12   10. 9   11. 2   12. 1   13. 1   14. 7
15. 9   16. 2   17. 6   18. 1   19. 9   20. 10   21. 12   22. 11   23. 6   24. 10   25. 3   26. 4   27. 9   28. 4
29. 11   30. 5

Page 71: Dividing by 12: Part 2

1. 6   2. 5   3. 7   4. 8   5. 2   6. 3   7. 10   8. 9   9. 4   10. 1   11. 11   12. 12   13. 9   14. 8
15. 6   16. 11   17. 11   18. 3   19. 9   20. 5   21. 4   22. 8   23. 3   24. 2   25. 6   26. 3   27. 2   28. 11
29. 2   30. 9

Page 72: Dividing by 12: Part 3

1. 6   2. 8   3. 2   4. 1   5. 9   6. 3   7. 11   8. 7   9. 5   10. 10   11. 12   12. 4   13. 3   14. 2
15. 9   16. 4   17. 12   18. 4   19. 4   20. 8   21. 9   22. 11   23. 6   24. 9   25. 6   26. 7   27. 6   28. 2

29. 9   30. 6

Page 73: Multiplying and Dividing 0-12: Part 1
1. 9   2. 3   3. 6   4. 9   5. 50   6. 1   7. 4   8. 5   9. 10   10. 5   11. 30   12. 12
13. 8   14. 80   15. 36   16. 7   17. 1   18. 20   19. 12   20. 48   21. 11   22. 2   23. 12   24. 0
25. 8   26. 7   27. 9   28. 6   29. 8   30. 8   31. 7   32. 6   33. 60   34. 7   35. 10   36. 22
37. 90   38. 33   39. 3   40. 88   41. 12   42. 4   43. 108   44. 36   45. 50

Page 74: Multiplying and Dividing 0-12: Part 2
1. 7   2. 80   3. 2   4. 21   5. 10   6. 3   7. 8   8. 15   9. 9   10. 6   11. 15   12. 5   13. 32   14. 30
15. 64   16. 32   17. 44   18. 1   19. 9   20. 12   21. 24   22. 4   23. 11   24. 1   25. 22   26. 10   27. 48   28. 5
29. 16   30. 2   31. 4   32. 5   33. 2   34. 10   35. 90   36. 35   37. 7   38. 1   39. 72   40. 7   41. 8   42. 8
43. 77   44. 0   45. 4

Page 75: Multiplying and Dividing 0-12: Part 3
1. 5   2. 44   3. 9   4. 7   5. 12   6. 110   7. 2   8. 6   9. 8   10. 72   11. 30   12. 10
13. 4   14. 9   15. 20   16. 15   17. 0   18. 6   19. 11   20. 72   21. 5   22. 18   23. 0   24. 5
25. 0   26. 1   27. 14   28. 3   29. 12   30. 63   31. 10   32. 100   33. 11   34. 10   35. 6   36. 48
37. 5   38. 3   39. 3   40. 6   41. 88   42. 36   43. 3   44. 2   45. 3

Page 76: Multiplying and Dividing 0-12: Part 4
1. 50   2. 11   3. 12   4. 110   5. 54   6. 0   7. 21   8. 2   9. 8   10. 11   11. 49   12. 6   13. 55   14. 12
15. 7   16. 9   17. 40   18. 4   19. 5   20. 9   21. 16   22. 2   23. 12   24. 3   25. 10   26. 6   27. 1   28. 60
29. 2   30. 84   31. 60   32. 22   33. 9   34. 54   35. 10   36. 10   37. 80   38. 35   39. 0   40. 4   41. 2   42. 7
43. 5   44. 4   45. 5

Page 77: Multiplying and Dividing 0-12: Part 5
1. 30   2. 11   3. 50   4. 7   5. 66   6. 6   7. 49   8. 8   9. 8   10. 0   11. 40   12. 11   13. 22
14. 9   15. 10   16. 12   17. 2   18. 66   19. 121   20. 4   21. 5   22. 3   23. 1   24. 77   25. 40   26. 12
27. 18   28. 72   29. 5   30. 36   31. 6   32. 1   33. 2   34. 7   35. 3   36. 44   37. 88   38. 6   39. 10
40. 2   41. 36   42. 14   43. 2   44. 5   45. 12

Page 78: Multiplying and Dividing 0-12: Part 6
1. 6   2. 16   3. 24   4. 3   5. 1   6. 50   7. 11   8. 55   9. 60   10. 2   11. 30   12. 0   13. 8   14. 9
15. 10   16. 14   17. 0   18. 11   19. 7   20. 5   21. 18   22. 12   23. 4   24. 99   25. 9   26. 0   27. 5   28. 11
29. 90   30. 44   31. 4   32. 84   33. 77   34. 4   35. 0   36. 3   37. 10   38. 54   39. 7   40. 77   41. 7   42. 10
43. 9   44. 5   45. 4

Page 79: Multiplying and Dividing 0-12: Part 7
1. 88   2. 5   3. 12   4. 1   5. 2   6. 15   7. 7   8. 4   9. 0   10. 120   11. 70   12. 99
13. 36   14. 28   15. 10   16. 18   17. 12   18. 11   19. 3   20. 8   21. 30   22. 9   23. 6   24. 6
25. 1   26. 6   27. 12   28. 60   29. 6   30. 10   31. 32   32. 6   33. 18   34. 36   35. 9   36. 144
37. 10   38. 12   39. 15   40. 9   41. 3   42. 48   43. 66   44. 6   45. 11

Page 80: Multiplying and Dividing 0-12: Part 8

1. 4 2. 110 3. 18 4. 0 5. 35 6. 9 7. 10 8. 10 9. 22 10. 7 11. 36 12. 11
13. 8 14. 9 15. 2 16. 5 17. 6 18. 72 19. 12 20. 0 21. 2 22. 1 23. 0 24. 48
25. 40 26. 144 27. 3 28. 2 29. 27 30. 63 31. 8 32. 110 33. 11 34. 3 35. 8 36. 30
37. 6 38. 27 39. 12 40. 9 41. 6 42. 11 43. 9 44. 7 45. 7

Page 81: Multiplying and Dividing 0-12: Part 9

1. 7 2. 11 3. 7 4. 100 5. 3 6. 4 7. 10 8. 66 9. 8 10. 0 11. 1 12. 24 13. 22
14. 12 15. 5 16. 110 17. 6 18. 14 19. 8 20. 2 21. 28 22. 9 23. 10 24. 44 25. 64 26. 9
27. 56 28. 0 29. 6 30. 12 31. 11 32. 9 33. 15 34. 10 35. 21 36. 7 37. 10 38. 3 39. 110
40. 36 41. 12 42. 3 43. 10 44. 32 45. 8

Page 82: Multiplying and Dividing 0-12: Part 10

1. 18 2. 72 3. 30 4. 12 5. 9 6. 90 7. 5 8. 3 9. 54 10. 1 11. 6 12. 8
13. 2 14. 10 15. 11 16. 4 17. 6 18. 7 19. 132 20. 121 21. 100 22. 60 23. 0 24. 4
25. 4 26. 5 27. 64 28. 16 29. 72 30. 1 31. 7 32. 3 33. 9 34. 1 35. 11 36. 48
37. 42 38. 12 39. 24 40. 20 41. 35 42. 40 43. 11 44. 10 45. 20

Page 83: Multiplying and Dividing 0-12: Part 11

1. 4 2. 55 3. 10 4. 11 5. 6 6. 88 7. 3 8. 0 9. 40 10. 56 11. 30 12. 4
13. 2 14. 24 15. 9 16. 8 17. 5 18. 45 19. 8 20. 72 21. 12 22. 7 23. 1 24. 64
25. 7 26. 3 27. 36 28. 7 29. 4 30. 18 31. 60 32. 36 33. 108 34. 7 35. 40 36. 15
37. 7 38. 8 39. 45 40. 20 41. 10 42. 56 43. 2 44. 11 45. 8

Page 84: Multiplying and Dividing 0-12: Part 12

1. 81 2. 18 3. 9 4. 11 5. 12 6. 2 7. 4 8. 144 9. 45 10. 40 11. 20 12. 20 13. 6 14. 32
15. 8 16. 40 17. 1 18. 3 19. 15 20. 72 21. 10 22. 7 23. 0 24. 5 25. 99 26. 18 27. 1 28. 27
29. 7 30. 12 31. 9 32. 70 33. 2 34. 25 35. 1 36. 33 37. 9 38. 44 39. 49 40. 9 41. 2 42. 11
43. 28 44. 48 45. 14

Page 85: Multiplying and Dividing 0-12: Part 13

1. 11 2. 88 3. 3 4. 44 5. 9 6. 6 7. 12 8. 2 9. 10 10. 10 11. 5 12. 27 13. 9 14. 7
15. 0 16. 4 17. 1 18. 25 19. 70 20. 8 21. 11 22. 8 23. 6 24. 54 25. 7 26. 8 27. 40 28. 9
29. 55 30. 0 31. 9 32. 5 33. 24 34. 12 35. 10 36. 4 37. 10 38. 33 39. 45 40. 24 41. 50 42. 9
43. 49 44. 2 45. 9

Page 86: Multiplying and Dividing 0-12: Part 14

1. 10 2. 6 3. 88 4. 5 5. 1 6. 96 7. 45 8. 0 9. 132 10. 70 11. 0 12. 16
13. 2 14. 20 15. 4 16. 8 17. 11 18. 3 19. 20 20. 35 21. 12 22. 60 23. 35 24. 8
25. 7 26. 9 27. 11 28. 72 29. 12 30. 4 31. 9 32. 4 33. 24 34. 44 35. 8 36. 9
37. 3 38. 3 39. 30 40. 60 41. 0 42. 10 43. 4 44. 5 45. 144

Page 87: Multiplying and Dividing 0-12: Part 15

1. 18 2. 7 3. 8 4. 0 5. 56 6. 72 7. 27 8. 5 9. 10 10. 22 11. 9 12. 3 13. 40

14. 6   15. 4   16. 5   17. 3   18. 6   19. 2   20. 55   21. 6   22. 1   23. 11   24. 12   25. 63   26. 5
27. 60   28. 24   29. 14   30. 11   31. 7   32. 4   33. 3   34. 3   35. 11   36. 10   37. 32   38. 24   39. 8
40. 48   41. 50   42. 121   43. 33   44. 8   45. 3

Page 88: Multiplying and Dividing 0-12: Part 16
1. 9   2. 5   3. 7   4. 11   5. 8   6. 10   7. 7   8. 66   9. 6   10. 0   11. 4   12. 11   13. 60   14. 1
15. 2   16. 12   17. 3   18. 12   19. 6   20. 96   21. 0   22. 11   23. 55   24. 99   25. 33   26. 9   27. 48   28. 8
29. 5   30. 36   31. 6   32. 7   33. 6   34. 4   35. 88   36. 72   37. 8   38. 12   39. 63   40. 10   41. 99   42. 4
43. 5   44. 6   45. 4

Page 89: Multiplying and Dividing 0-12: Part 17
1. 28   2. 60   3. 8   4. 6   5. 10   6. 7   7. 1   8. 0   9. 3   10. 4   11. 63   12. 3   13. 12   14. 11
15. 6   16. 8   17. 0   18. 4   19. 10   20. 35   21. 40   22. 42   23. 2   24. 5   25. 18   26. 90   27. 9   28. 21
29. 2   30. 8   31. 5   32. 5   33. 30   34. 9   35. 11   36. 54   37. 8   38. 1   39. 10   40. 44   41. 36   42. 2
43. 88   44. 10   45. 5

Page 90: Multiplying and Dividing 0-12: Part 18
1. 88   2. 9   3. 2   4. 96   5. 4   6. 8   7. 5   8. 10   9. 99   10. 11   11. 11   12. 7
13. 6   14. 3   15. 4   16. 1   17. 5   18. 12   19. 120   20. 48   21. 9   22. 80   23. 2   24. 45
25. 36   26. 12   27. 4   28. 25   29. 2   30. 12   31. 11   32. 27   33. 7   34. 60   35. 48   36. 5
37. 40   38. 84   39. 55   40. 40   41. 2   42. 66   43. 11   44. 7   45. 6

Page 91: Multiplying and Dividing 0-12: Part 19
1. 20   2. 11   3. 12   4. 6   5. 4   6. 132   7. 9   8. 90   9. 5   10. 3   11. 36   12. 7   13. 28   14. 54
15. 2   16. 45   17. 2   18. 64   19. 10   20. 8   21. 72   22. 1   23. 55   24. 35   25. 6   26. 24   27. 72   28. 30
29. 8   30. 7   31. 3   32. 33   33. 49   34. 3   35. 4   36. 80   37. 24   38. 66   39. 9   40. 1   41. 9   42. 22
43. 11   44. 9   45. 2

Page 92: Multiplying and Dividing 0-12: Part 20
1. 10   2. 35   3. 36   4. 100   5. 7   6. 11   7. 30   8. 2   9. 8   10. 12   11. 40   12. 10
13. 22   14. 5   15. 1   16. 20   17. 77   18. 108   19. 8   20. 4   21. 3   22. 9   23. 30   24. 32
25. 12   26. 6   27. 55   28. 11   29. 14   30. 9   31. 54   32. 4   33. 90   34. 12   35. 36   36. 28
37. 5   38. 35   39. 10   40. 72   41. 2   42. 8   43. 72   44. 6   45. 11

Made in the USA
Middletown, DE
12 September 2023